構築された仏教思想
空海——即身成仏への道

平井宥慶

まえがき

いま世を上げて仏像ブームである。

各地の博物館で美術特別展が催されるとき、その多くが〝仏像〟展覧に費やされている。有名寺院名を冠した展覧では、そのほとんどが仏像展示で満たされるのである。そして何故か、古代に向かうほど煌びやかになるように思われてならない。もちろん眼前の現仏は時代を経て色褪せて見えるが、そこに残された辺片の色彩模様から再現すれば、おそらく華麗であったに相違ない、と思わせるものばかりである。

それは結論的に謂えば「密教化」されたからである。ひと言で謂って日本仏教は密教化して華やかになった。現代では、仏教と謂えば〝地味〟の印象が拭えないが、古代ではむしろ華やか、といえそうなのである。それは密教であるからで、その密教を日本文化に定着させたのが「空海」という存在であった。ときに「弘法大師」と尊称される空海は、いまから千二百年余以前この地上に確実に足跡を印した、紛うかたなき歴史人物である。〝居た〟と云うばかりでなく、いまも〝居る〟と見紛う如く、そのあり様が日本文化の隅々に陰に陽に潜んでいるのである。
「空海」は八世紀後半四国の地から生まれ出でて、奈良にあそび、ときの先進世界〝大唐帝国〟に死を賭して雄飛し、それまでは日本仏教には全く無かった永遠の法統〝密教〟を受けて還国するや、その一生を衆生済度にかたむけて止むことなかった、そういう存在である。それから千二百年余、その長き歴史を閲《けみ》したいま、実にさまざまな装いが着せられて、その〝実像〟がわからなくなってしまったと評されるまでにいたった。

近代は科学的実証主義、誰もが検証可能な堅実史料に基づいて実像をえがき直す、それが近代科学主義と云われて、かわりに従来の〝装い〟は実体のない伝説にすぎないと、簡単に見捨てられるありさまになった。空海の場合、古代人にしては比較的資料は残されているほうだが、それでも千二百年という長きとしつきはうらむべくもなく、資料は限られざるを得ない。

その〝資料〟であるが、資料とは何か、ここに考慮されねばならない要点がある。その資料とは近代歴史学でいわれるとき、当該対象の歴史事象に出来る限り同時代的、乃至《ないし》なるべく近い時代の文献類が良し、とされている。それを首肯するとして、考慮しなければならない点は、それではその同時代乃至近接時代の文献類といった資料が全て残っている、ということもまた当たり前だがないのである。また残ったものも、残す意図を以て残されたものというより、敢えて言えば恣意的に残った僅かな〝ものども〟が、われわれ現代人の手元に辛うじて現存する、といってよい。

そこで再び、確実な資料とは何か、それを確定(認定)するのは誰か、そう問われてしまうことを予想しなければならない。資料とはいい条、人類全資産からいえば、残っているものはほんの僅かにすぎないであろう。古代ほどその残る度合が少なくなるのは当然、仕方あるまいということである。では〝古代〟を描くことはできないのか?

「歴史」とは、偶然的に生起したようにみえる事象の連なりに、何ほどかの〝必然性〟を見出し意味づけることである、と思考する。〝資料〟はひとつひとつがそのあるままでは〝点〟の羅列に過ぎない。その点と点とのあいだに何ほどかの必然性をみとめて、合理的に理解できる線像を画《か》く、これが現代の科学的歴史学と心得るものである。

近代科学の合理性という観点からいうとき、さきに言及した捨てられた伝説の部分がいかにも不合理に満ちているごとくにみえるのも、分からなくはない。しかしそれが〝長く語り継がれてきた〟という実態は〝事実〟

といえる。その〝語り〟もまた歴史であり、つきつめていえば、その虚像なるものが何を語ろうとして今日まできたか、これを探ることも近代合理科学である。それを単純に捨て去るのはかえって非合理、といえよう。

そこで問われるのは、資料と史料を繋ぎ合わせて合理的道筋をえがく論者、その論ずる者の歴史観、人間観であらねばならない。そしてかの科学の客観性なるもの、それが問われるときは、この論者の歴史観のそれであることになる。

かくて、近代が要求する客観的普遍性の問題は、その論者の歴史的人間観がどれだけ長く通ずるか、で量られる問題で、資料の有無・選択ではない。ときに誤解して、学問的客観性という名で同時代資料の無い期間の論講を否定するがごとく、沈黙すべしとするものがあるが、それは決して学問的ではなく、その残されている資料の限りにおいても、その間隔を埋める推定作業も正当に認められるべき科学的考察の一部と認識すべきである。

筆者がまだ大学の教壇に在ったころ、ときの高名な文芸評論家（同僚でもあった）が目の前で〝歴史とは創作だ〟と発言しておられたのを思い出す。つまりひとりの論者がどの資料を採りどの資料を捨てて合理的流れを形成するか、その取捨選択・価値判断はその歴史論者の選択眼に委ねられた必要不可分の権利である、ということ、そういう作業結果で視えてきた歴史像ならば、これはその歴史学者の〝創作〟とも言い換えられる、と。架空の歴史物語をつくってしまう捏造物語をいうのではない。そのかわりに、そこにえがかれた〝歴史〟は、その作業をしてきた論者の見識が問われることにもなることを、当該論者は覚悟しなければならない。

さあ始めよう、空海の生涯探求を！　〝わたし〟も問われる。

なお当稿使用の資料について、大師の著作は勿論、各史歴史記録物には少なからずお世話になっているが、この書物シリーズの性格上、文章内で明記するほかにはひとつひとつを明示しなかった。諒とせられたい。

近代の諸学説についても、お名前を出すのは失礼かと、示していない。お許し願いたい。

目次

装幀＝大竹左紀斗

第一章

波乱万丈の生涯

1　誕生から幼少時代へ

日本仏教黎明の時代

　仏教はガンジス河中流域のほとりに生れ出でると、ときを経て全インド世界に広まり、更に東西南北へと伝播して、ついにアジア大陸の東の果て倭国の島にまで到達した。それがいつの頃かは俄かには確定できないけれども、聖徳太子の時代に国家的レベルで受容が始まった、とだけは言い得る。

　近時「聖徳太子の存在」云々が囁かれているが、六世紀後半の倭国世界に太子的存在なかりせば、以後の〝日本社会〟の歴史はよほど変わったものになっていたにちがいない。いま大方が観る日本古代歴史を肯定する限り、敢えて聖徳太子存在を否定する必要は認められない。その非存在を問うとき、否定するひと達は僅かに残る現存資料どうしの詐誤のみにて極言し論断するのだが、千五百余年以前の古代人物の存否を、このように残された極く限られた資料のみということをいいことにして、非存在と論ずるのは、あまりにも無謀と思えてならない。伝統の歴史に謙虚に向き合う学問の王道を歩みたい。何びとも歴史学の横暴と言われないようにしたいものである。

　仏教文化が倭国に移入されて、それがときの国際標準に沿う文化と認識され、主体的に馴染んでいったことは周知である。かくして倭国は〝日本〟となった。日本古代文化時代、いちじ物部氏対蘇氏の対立など異文化間の対立とされるものが若干はあったものの、ほどを経ずして、押しなべて国内に複数異文化のなだらかに併存する（できる）社会が到来した。

成熟する日本仏教文化

六世紀後半、大陸中国に隋→唐という巨大王朝がたつと、東アジア世界全体が傍観してはいられなくなる。倭国も〝国家〟たるすがたをみせ始め、七世紀半ごろの際立った政変（古来「大化改新」といわれる）、そしてそれ以降に勃発した騒乱（壬申の乱）を経験して倭国は「日本国」となり、いわゆる律令国家への道を歩み始めた。政治の中心も飛鳥周辺から藤原京を経て平城京（奈良）へと収斂していった。

わが国古代朝廷政府はこの奈良に一大仏都を建設、ここに仏教はいわゆる〝国家仏教〟として一時代を確立した。この時代の文化は「天平文化」といわれるが、そのほとんどが仏教文化と云って差し支えないほどで、いまにまで残る仏教遺産も夥しい。

さてここに、仏教教団の構成・組織も高度に整備された。が、それは教団組織が律令制度の一部に組み込まれる、ということでもあった。仏教は本来、自発的発想によって自律的に出家し、と始まるものであった。それが官吏志向の行程と同じような方向の、もうひとつの国家的昇進コースの如き様相を呈してしまったのである。つまり年間に出家できる人数が国家によって厳しく管理された。

その国家仏教の中心的モニュメントが七五二年開眼した東大寺大仏の造立、その先頭には聖武天皇があった。その下で律令制度もひとつの頂点をむかえる。「儒教」が官吏教育の中心となり、みやこの奈良には教育機関が設けられ、有位な階層の子弟が日本中から集うところとなる。八世紀も末期、空海がこの地域に足を印した当初は、やはりこの官吏制度の一角にのるためであったのである。

空海、生れる

空海和上は讃岐ノ国多度ノ郡《こおり》屏風ヶ浦、現在の香川県善通寺、父佐伯直田公《さえきのあたいたぎみ》の下に生れた。この父は地方官吏（豪族）のひとりといえるひとである。幼名真魚《まお》（でも以下「空海」で通す）、貴物《とうともの》とよばれたと伝えられてきている。「宝亀《ほうき》五年（七七四）六月《みなづき》（水無月）十五日」これがこんにちまで言い伝えられる誕生日付である。

ところでこの〝歳〟を記録する同時代的資料は無い。故に空海の出生日は不明、と断じ、先に進んでしまう論がある。確かに、空海は生まれた時から歴史的人物、ではないから、同時代的に記録されることはなかったこと当然である。それに千二百年余以前の記録が多量に残っているはずもない。では不明、でいいか。

空海は歴史の地平に確実に存在した人物である。であるから〝いつか〟生まれたことは事実である。かくてこれまでの千二百年余の歴史的探索のなかで、生年が前述のようにかく言われてきた。それをいまになって〝不明〟にすることは、歴史的存在を否定するやに印象付けるような危うさが生ずるのではないか。

書く側から言っても、歴史を〝画《えが》く〟以上、その筆者なりの〝それ〟をきちんと書くべきであろう。書いた〝それ〟が非難されることを恐れるあまり、〝不明〟といってそらすのは、「画く」ことの否定にならないか。私はいま「宝亀五年云々」と記すことで、画く責務を果たしたい。

最近のさる書物（大著？）で、生日を「十月二十七日」とする記述に出っくわした。これまで見たこともない記録であるが、考えてみれば延喜二十一年（九二一）のこの日付に、空海は「弘法大師」諡号を贈られている。この著者の意図はまったく知らないが、この月日を敢えていうなら、「文化としての空海」の〝誕生日〟とは言えようか。

それから誕生地について近年、あの時代の婚姻形式が妻問婚であったとして、その母「阿刀氏」の実家で産れ育った、阿刀氏名の由来は河内国（大阪府）から出ているので、さすれば空海の出生は河内国、という突飛な説が提起されて話題をよんだ。端的に云えば、空海自身は自著『三教指帰』下に、仮名児に仮託して自己の出自を「玉藻帰る所の島（讃岐ノ国をいう）、櫲樟日を蔽すの浦（屛風ヶ浦）」と言ってこれを住地、とご自身は認識していた。これは讃岐国のこと、わたくし達も「讃岐国」出身と認定する。例えば現代に、或る病院で産れても出身地名にその病院名は書かない。

空海、学ぶ

幼少のみぎり、みやこに出て文字《ふみのはかせ》の阿刀ノ《あとの》大足《おおたり》に就いて漢学を学ぶ。このひとは母方のおじにあたり、当時「幼」とは十五歳以下という伝え有り、十五歳と明記する史料もあるから、この年なら延暦七年（七八八）となる。この「みやこ」は、延暦三年（七八四）十一月十一日に長岡京に遷都されているのだが、仏典・漢籍の勉強と考えれば旧都平城京も何ほどか学びの一所であったのではないか。

実はこの以前、郷国で国学に学んだという伝えがあって、「国学」とは地方教育機関、初等教育を受けた、ということである。今日的資料論では確証は無いのだが、高等教育までのぼった人材が初等教育を受けていても不思議はない。彼の生家にはその経済的乃至《ないし》精神的余裕もあった。

十八歳で大学に入学した。「大学」は官学である。官学は儒教の学（いわゆる四書五経など）を基礎とする。この年次は延暦十年（七九二）、みやこはまだ長岡京である。ただし彼がのちに仏教の世界に入ることを想えば、仏教学の主要学問処は奈良にあったから、空海の仏教勉学も、基礎はこの地にあったとみたい。奈良の仏教寺院は総合仏教大学の様を呈していたからで、そこには漢籍も蔵されていたので、修学に不自由はしない。

のちの空海の著作からみるとき、仏教学問はもちろんのこと、その漢学の素養が並みのものではなかったことが知られる。儒学をも吸収してやまない能力を備えていたということである。かつておじの大足が、たとえ仏門にいくとも漢学は必要、と諭したという伝えがあるが、その真偽はともかく、空海の知力が儒仏双方に優れていたことはまぎれもない事実である。

2 儒教から仏教へ

『三教指帰《さんごうしいき》』三巻（序併せたり）

これは、空海が生涯の道として仏教を選ぶと宣言した、〃仏者空海〃の出発になる書物である。亀毛《きぼう》先生（上巻）、虚亡《きょぶ》隠士（中）、仮名乞児《かめいこつじ》（下）という架空の人物を登場させてそれぞれ儒教、道教、仏教を論じ、仮名乞児に仮託した仏教をみずからは選択するという結論に及ぶ。上・中巻では兎角公と蛭牙公子という奇妙な名の狂言回しを絡ませ、下巻では亀毛・虚亡も登場させて全篇戯曲風にすすめることによって、本来思想論たるべき硬質の本を平明な読み物に変えた工夫のきいた出来栄えとなっている。

しからばこの本の特質は何か。

一つに、漢籍への言及度が異常に高い。〃異常〃とは、この本は元来仏教書だから仏典に多く関わって説示するのは当然のこと、ところがそれと同じほど、あるいはそれ以上に漢籍引用が多くみえる。凄まじい（尋常ではない）学殖、ということである。

二つに、意思を以て仏門を〃選択〃したことを宣言していること。選択《せんちゃく》というと、従来鎌倉仏教の専売特許のごとく論じられてきたが、平安の空海がすでに明瞭に為していると認識すべきである。鎌倉仏教的選択史観が優先するような、これまでの日本仏教思想史の通説は見直すべきである、選択は平安から、と。

三つに、三教を比較して仏教を優位に、といっても、他の儒教・道教を口を極めて非難する、というようなものではなく、それぞれの得失を公平に論じて論理的に仏教を選んだ結論に読者を導く、という姿勢でつらぬかれているということ。近代のこの類いの本の論調にときにみられる、執拗な他人批判の偏執性、からは縁遠い出来栄えとなっている。自己の主張とは、他人排除の独断性ということではないと知るべきであろう。

四つに、登場人物の名前に仏教の世界観がよく表わされている。亀に毛はない、虚無は亡《な》い、この世の名はすべて仮《かり》、兎に角はない、蛭《ひる》に牙はない、みなこの世に無いモノを〝有る〟と見誤って固執する人間の愚かさ、をあらわす仏教基本の、そして人間存在の究極の理解を表現したものである。空海はそれをすでにぼんやりとではあるかもしれないが、理解していたということである。

さて、この書は「延暦十六年臘月一日」即ち七九七年十二月一日を以て書き上げられた。空海二十四歳のときである。ちなみにこの年には、みやこが既に平安京に遷っている。

懊悩の空海

さきに、空海は十八歳で大学に遊聴（遊学）した、ことをみた。官立大学は儒学教育である。そこで学んでいた空海がいま二十四歳で〝仏門に入る〟と宣言した。いまその変化の足跡をおってみたい。

『三教指帰』の序に、自らのその歩みを記したのによれば、大学に入学して儒学に精励刻苦していたところ、ひとりの沙門に出会った。そのかたから「虚空蔵求聞持《こくうぞうぐもんじ》の法」を授かり、それを信じて仏道に入った、と、聊《いささ》かあっけないほどに仏門に帰依したことを云う。この法はその真言を一百万遍誦するほど修行を為せば、一切の教えの文章も理義もすべて深く理解出来る智慧が備わる、というものだ。

以下空海は、間髪を入れず修行の道に入り、阿国（徳島県）大瀧嶽に攀《よ》じ登りて必死を極め、室戸岬（高知県）にて渾身の禅定行を修し「明星来影」して大悟した、とまことに順調な出家経過を表明している。そうではあろうが、下世話のわれわれとして今知りたいことは、そのひとりの沙門との邂逅を出家の出発とみても、そこに至るまでの経過があるのでは、と想ってしまうのである。

仏門は「出家」から始まる。出家とは「家という籍」から離れることであるから、あの時代の儒教的世界観で言えば、一生の大変革になる。儒教では「家」はすべての基本であるから、家を守るべき後継ぎの空海がそうすんなりとは出家できなかったはずである。つまり注目すべきは、まず空海自身の性向はどのようにして変化した（仏教に想いが向いた）か、そして変化して世間からの出家遂行を取りやめるようにとの説得という隔壁をどう突破したか、これらの課題がどのように解明されたのであろう。

仏教への目覚め

第一に空海の心もち、自身がどのように仏教に目覚めたのか。

実は幼少のみぎりから目覚めていた、という意見がある。阿刀おじが、前述したように、たとえ仏門にいくとしても漢学は学んでおいたがいい、と謂ったという逸話が残されているように、佐伯氏乃至《ないし》阿刀氏のひとびとは、真魚少年が当時の〝かがやく思想〟となっていた「仏教の道」に多大の関心を持っているのには、既に気づいていたのかもしれないというのである。八世紀後半仏教はみやこ平城京を埋め尽くす、いわば今風に言えば先端科学（思想）となっていた。進取の気性に富む逸材が早くからそのことに関心を向けないはずがない、と考えても不思議ではないと想う。

しかし時代の主軸学問が儒教、にかわりはない。儒学は官吏となるのには必須で、みやこでこれを学んで郷国《ふるさと》に還り、国家の役人という身分になってその土地の正式差配者となる。空海の家はこれが人生回路のひとつとなる社会層に属して居たのだ。空海も、ともかくは官学に「遊聴（遊学）」した。そしてそこで精励もしていた。その彼が仏教にかじを切る直接の動機はなんであったか、そしてそれを特定することが現時点で可能か。

入門の〝いつ〟

従来『性霊集《しょうりょうしゅう》』四の「小僧都を辞する表」に「山藪を宅とし、禅黙を心とす」る道を「弱冠より知命におよぶ」と云った、というところが先学によって指摘されている。弱冠とは二十歳、知命とは五十歳、これをもって二十歳に修行の生活に入ったとみるのであるが、どうであろう？

『三教指帰』下に、阿毘法師という仮名乞児の友人を登場させ、この青年が断食修行に難儀し、或は海女をみて気を緩めてしまう、とそんな挿話を記す。この挿話は健康な青年ならさも有りげとほほえましく、これが空海の苦い経験、とは言わないまでも、誰でもの青年期の懊悩と云えばなにほどか通ずるものではあろう。しかしてここで注意すべきは、この苦行のありさまが「還って孔の誡《いまし》めに等し」と謂うのだ。いま学んでいる孔子の道、すなわち儒学に精励するその一部には、こういう苦行道も察知されたというのである。ということは空海の儒教勉学にも、いわば仏教にも似た行法が含まれていたと言える。このあたりから空海は、既に仏教的修行にあこがれていた、ともいえようか。

だが修行様式が仏教と同類、といっても、空海は儒教道には残らず仏教道にむかうことになった。儒教にはなにかぬけている、この〝想い〟が空海の仏道志向を促したことになると思われる。それはなんであったか。

〝未来〟という仏教

儒教と仏教の、決定的な違いは何か。

儒教は人間の学、あくまでも人間のいまを説く〝今日〟の道である。これに比すれば、仏教は「三世」を説く、昨日から〝明日（以降）〟の未来までを説く教え、といえる。今世のみと三世とでは、決定的な違いと謂えよう。進取の青年が未来を志向するのは、充分に納得できる。しかし〝未来〟といえば、虚亡なる道教も未来におよぶ教えではないか。ただしこでは「不老長寿」という願望が決められてしまっている。これをよく考えれば、現在《いま》の延長、この無限終始にすぎないのではないか。それに引き替え仏教の「悟り」は広大無辺にひろがる未来といえよう。同じようで、道教とも決定的に相違がある。

これが空海をして仏教にむかわしめた動機と考えれば、出家の〝とき〟は、さきに言われた幼少のころから既に仏教を想っていたという説も、あながち否定できない。まァその「幼少から」というのはともかくとしても、勉学にみやこに出てきたあたりから「仏教」へのイメージを既に懐いていたとは十分考えられる。何しろそのみやこは〝仏都〟奈良、「仏教」がまち中に横溢していたのだ。奈良は当時の東アジア全域を通じても最大の仏教都市であった（かもしれない）。そういう客観的情勢が、そこに目を輝かす青年空海と、かの〝一沙門〟

との邂逅という奇遇を導いた、とみたいのである。以上、当初の空海が仏教に目覚めたのはいつか、という問いにはっきりとした日時を指摘することはなかなか困難だが、みやこに立ったころには、仏教に対する想いは抱いていた、と想定することで、これを〝いつ〟であったかという課題のこたえとみておきたい。

空海の、忠・孝とは?!

もうひとつの社会的障壁を考えておこう。

仏門に入るということは出家、家を出てみずからの髪を切るなどとは儒教ではもってのほかのことである。儒教では「家」が基本であり、その根本たる身体髪膚、それを自ら傷つけるなどとはご法度である。

母方の阿刀氏はその儒学を代表するような知識階級に属し、いわば名門、その女《むすめ》を娶った佐伯氏も当地にあっては有数の豪族、そういう家の男子が出家する(ましてや彼の兄二人は早世しているらしい記述が『三教指帰』下にみえる)とあっては、周囲の動揺は並みのものではなかった。後継者を失うことになる。出家、これほど不忠、不孝はない、どうするのだ、となった。

出家をやめるようにという全周囲からの説得に、空海は『三教指帰』下のほとんどをかけて、「仮名乞児」の口で応えている。結論で言えば、「小孝対大孝」理論を展開し、仏法は大孝行《ぎょう》となる、と主張する。すなわち仏法の慈愛＝福徳はおのが一族は言うに及ばず、広く世間のひとびとを潤してやまない、これこそが大孝である、と。更に加えて六波羅蜜の実践が忠・孝の実践となり、ご利益の及ぶところ限りないのが仏教である、と。そして空海の決心は固く、再三、再四の説得にもかかわらず修行の旅に出てしまう結果となった。ひとの信念は人生を貫く。それは一時的障壁も、ものともしなかったということである。

空海の修行世界

修行地はどこであったか。修行地として『三教指帰』のなかに登場する日本内の具体的な地名をみよう。

（一）「阿国大瀧嶽」「土州室戸岬」

「阿国」は阿波国（徳島県）、現代地図に「太竜寺山」という山が見える。「土州」は土佐国（土佐県）その室戸岬。この両所は空海が大学遊学後一沙門に遭って直ちに山野に入ったという、四国東南部一帯である。

（二）「金巖」「石峯」「雲童〔の娘〕」「滸倍〔の尼〕」

「金巖」は奈良大和の吉野山系か、愛媛伊予長浜の金山出石寺かと謂われている。その空海自註があって「加弥能太気」とある、カネノタケと読むか。「石峯」は伊予愛媛の石鎚山、「雲童〔の娘〕」は自註に「須美能曳乃宇奈古手美奈」とあることから、スミノエノウナコテミナと読めることにより、今の大阪住之江の海子女かと。住之江区は現代も湾海に面する。「滸倍〔の尼〕」は自註「古倍乃阿麻」コベノアマではという、「こべ」は古来不明。「アマ」は女とも、尼が海女ならやはり海ぞいの地となる。これらはみな、あの私度僧の阿毘のありさまを述べる箇所に登場する地名で、これが空海の直見とは断言できないが、なにほどかの知見ではあったろう。

(三) これに加うるのが讃岐ノ国、多度ノ郡、屛風ヶ浦、これはみずからの仮寓地として挙げた地名である。

以上これだけをみても、四国地方、関西各地を転歴していたさまがよく知られる。のちの空海伝説は日本全国に語られるようになるが、その素地はこういう自らの修行地の多岐に渡る分布に起因するといえるのではないか。ともかく空海の行動領域は、古代としては現代人の移動感覚に比すれば、よほど広範であったとみるべきであろう。

加えて忘れられないのは、「みやこ」という地も言及されていることである。仏教的修行のひとつが山奥・海辺に籠る禅定行であることはよくわかるが、空海はそれに精勤しながらも、いわゆるいま風に言えば机の上の勉学も忘れていない、ということである。その多くの著作本をあげるまでもなく、この二十四歳で書上げた『三教指帰』をみるだけでも、仏典のほか漢学（儒学のばかりでなく史書なども）全般に及ぶ多量の引用典籍のさまがその学習の並みのものではなかったことを如実に物語っている。それは「みやこ」に居てこそ可能のわざであったにちがいないのである。

くりかえして言うが、みやこは、空海十五歳の時点では長岡京、二十四歳時では平安京、これらに加えて、前述のごとく仏教の勉強といえば、やはり旧都平城京にも主要の学窓がそのまま網羅されていたから、空海は縦横に行き来していたのではないか、これが空海の教養に多大の有益をもたらした、と考えるべきである。彼の教養の広大さは、『三教指帰』以後の著作にもことあるごとにあらわれることはいうまでもない。

『聾瞽《ろうこ》指帰』一巻

この名の二巻本が高野山霊宝館に所蔵されている。これは空海自筆と伝えられる書物（国宝）で、中身は『三教指帰』と同一、「序文」と巻末に付された「十韻の詩」の文面が相違するのみである。そこで古来、どちらが先かの議論がかまびすしくなされてきたが、その文を精読するとき、『三教指帰』が幾ばくか具体的で、のちに書かれたものと判断される。漢学世界ではこういうことは往々にしてあるもので、最初の著述は得てして鋼殻《むずかしい》である。

ただし著作日時は同日で、これも真筆の証左となっている。

遣唐使船

古代倭国に最初の成文法「憲法十七条」が西暦六〇四年制定され、その前年には「冠位十二階」が設定されていた。これらは聖徳太子の派遣した遣隋使のもたらした大陸情報のお蔭であったといいたい。

西暦六〇〇年に倭国使節団、とこれは中国唐の史書に記録されている。ところが倭国側の遣隋使についての最初の記録は六〇七年である。この違いを考えるに、六〇〇年の派遣無くしては「十七条」も「十二階」も考えられない、とみたい。これらは、諸国不変の法体系無くしては国際社会に対応できないと考えた聖徳太子の英断で制定されたもので、これはつまり六〇〇年使節団を派遣して知った国際情勢を判断した結果であるとみるからである。

記録が倭国に無いのは、その際の知見の衝撃度にかんがみて、これはかえってわが国の記録には残さないと、これも太子の英知ある憶断であったと考えられる。記録に残せば、「倭国は〝後進〟」の証拠が歴然となるではないか。そして肝心なことは、この十七条〔の第二条〕によって、仏教も〝国家に公式に認められた宗教〟となったということである。

大陸隋王朝はしばらくして唐王朝となり、空海の世紀はこの唐との交渉となる。倭国も「日本国」となり、遣隋使の制は「遣唐使」として継続され、平安時代を通じて十数次の使船が発令されている。

かくて延暦二十三年（八〇四）五月十二日難波津を出港する遣唐使船に空海は乗船、長安をめざした。

出家得度

その前年（延暦二十二年＝八〇三）四月七日空海は「出家（得度）入唐」と『太政官符』に登場し、〝空海〟という名の記録が、かの『三教指帰』執筆の記録よりみて久方ぶりに公式文書に載った。

　ところで弟子の残した伝記では、空海の得度は三十一歳という。とすると得度は延暦二十三年（八〇四）となるはず。しかもこの符の発令されたのが延暦二十四年（八〇五）九月十一日と一年後となっている。こういう近代にまで残された幾つかの文書にみられる「得度日」についての記録の錯綜によって、本当の得度日はいつか、と古来にぎやかに議論がなされてきた。

　これまでの議論《やりとり》では、数字のみ取りあげるので、どれかの記載に〝誤記あり〟と謂わねばならず、なんとも見苦しい。それならばいっそ見方をかえて伝記記録者の意図を推察し、合理的に判断したらどうなるか、とみてみようと想う。大体に古典の〝誤記〟をみとめていたら、きりもない、と想っている。自己の説に違う数字は誤記、と云ってては際限がない話がとまらない。

空海は当初、かの『三教指帰』著述のあと山林にわけ入り、あるいは学問の都の書林（書物の山）をきわめる修行に出奔した、いわば〝私度僧〟であったとみられている。その彼がわざわざ長安に仏法を求めるには、当時の国家制度によって正式出家の身分で受法にいかなければ意味がない。加えて遣唐使という正規行路にのらなければ仏法世界にみとめられない、という想いではなかったか。したがって彼の得度が遣唐使船出帆以前というのは、大方の認めるところとなるであろう。

　ところでこのたびの遣唐使は、本来延暦二十二年（八〇三）四月十六日出港したもので、空海はこれに既に乗船していたのだが、この船は悪天候に阻まれて曳きもどってしまった。そして態勢を改めて翌年の出発となった。空海の名はその前年の名簿には無かった、と謂われている。乗らなかった？　しかし空海の唐長安への求法は至上の想いで、加えて正式使節団で渡航するのが絶対要件であったことを慮れば、その彼が二十二年出発の使節団に関する情報を見逃すはずはない、と考えるものである。すなわちこの便に確実に乗るべきで、ならばその前に是非とも得度（具足戒授与）を受けねばならない。それが延暦二十二年四月七日の受戒、という記録であると考えられる。

　でも船はいったん戻り、再度の船出となったのが翌年二十三年五月十二日の難波津出港、その七月六日には九州肥前田ノ浦を離れ外洋にのりだす仕儀となった。この二十三年出発の〝事実〟を以て、〝伝記書〟は三十一歳受戒とみた、ということではないかと考えられる。いずれにせよ長安行には受戒が無くてはならない、という認識でどの記録者も一致し、この点を理解することがまず第一に肝要で、それぞれの記録者の推論を忖度しておくことで異説を了解し、〝誤記〟という断にとらわれてはならないと考える。

どうして正式派遣様式によらなければならなかったか、おそらく民間にもいくらでも渡航船はあったろうに、と想われる。この何故か、はまた後ほど記す。

行脚と精勉

このかなりの長期間、公式記録から消えていた空海が、そのあいだ何処でなにをしていたか、これまで散説してきたが、ここでまとめてみておこう。いままでさまざまに憶測されてきた問題であるからだ。

端的に言えば、基本的にはさきにみた大学退出から『三教指帰』著述に至るまでの経過とは、それほど相違ない経緯を経験していた、とみえる。すなわち山野に分け入って己を鍛え、禅定に沈潜して精魂を研きながら、他方指摘を忘れてはいけないことに、みやこでの仏教学習、これを忘れてはならないということである。世上これまでこの山野の修行ばかり強調される傾向が目立ったが、この街なかで学んでいたことも大変重要であったとみなければならない。これ無くば、のちの〝文化としての空海〟の歩みは無かったといえよう。ともかくこのような多面の修学を精力的にこなしていたとみられる。

仏教典籍書への修学努力は、おそらく筆舌に尽くしがたいものがあったと類推される。そのことは、その後の生涯に通じた仏教世界構築からみるとき、容易に指摘できる特質である、と考えるものである。

その空海仏教の根幹は密教である。その密教は『大日経』と『金剛頂経』を根本とする。これらを所依経典とする仏教世界の構築に全精力を傾注して歩みを刻んだ。密教経典は、『正倉院文書』の記録によって、空海の入唐以前に既にわが国に伝来していたことが確認されている。空海が奈良の諸大寺で勉学していれば、これらにまみえる可能性は極めて大であった、とみるべきである。こういう面からも、その旧都での学びが推量されるものである。推量ついでにその生涯学習の方途の一端もみておこう。

のちのち空海は久米寺の東塔にて『大日経』を「感得」したという言い伝えが形成された。空海の自由修行期における諸経兼学の一端を伝える表現ともみれば、空海はこの修行時期に、これらの経典の深部に既に触れていたかもしれないともみえるのである。「感得」などという深遠な語彙を使うあたり、その深部学習の一端を表現しているのではないか。

奈良の仏教界は基本的には律令制に合された仏教を、いわば完成させていたところで、その中に「密教」はまだ形成されてはいなかったけれど、仏教学問の水準はよほど高度なものになっていたことと思われる。〝高度〟とは国際化もすすんでいた節が見えるということである。この時期の空海の学びのうちにこういう状況を想定することでのちの空海の所業理解も容易になると考える。それで例の〝東大寺大仏開眼法要〟の導師にインド僧を招聘しているなど、それは唐朝経由ではあろうが、よほどの伝達手を想定しなければ可能とならなかったのではないか。法要後の舞楽披露には、日本各地のは言うに及ばず、唐・新羅の国から、そして林邑楽までなされた。林邑は今のヴェトナム地方の古名で、こういった状況は一通の招待状で来てもらえる類いのものではないのは常識ではないか。そこに相当の関係を保つ人材が存在した、ここにわが国のときの国際性をよく物語っている証左をみるべき、と考える。こういう学びがあったればこそ、のちの空海の仏教学に多大に貢献した、つまりこの修学時代にそういうことども学んでいた、とみるのである。

こういう状況のみやこで勉学したであろうと、空海の仏教学の緻密さを設定するのは、いずれ述べる彼の〝入唐目的〟に関わってくるからでもある。

困難の航海

航海は困難この上なかった。遣唐使節団は後期になるほど規模が大きくなり、それとともに遭難も多くなった。大ぜいになった割には大海を航行する船の能力が伴わなかった、ということか。

このたびの遣唐使団は船四隻、空海はその第一船に乗った。大使藤原葛野麻呂の乗る船である。この頃はまだ空海のまったくの無名時代、一説には通訳士役などしたともいう。船は肥前ノ国松浦郡田ノ浦（今の佐賀〜長崎の松浦半島辺）を出るといきなり外洋に乗り出すこととなり、大波にあおられ、さらには嵐に遭って四艘はばらばらとなって、第一船は遂に大陸南部の福州長渓県赤岸鎮に属する小湾に漂着した。長安からはかなりの僻地である。

ここから上陸になるが、そのころの唐は既に統治機構が整った役所国家となっていて、上陸手続きは煩瑣である。漂着した日本船は地元民には〝日本人〟たるも解らない海賊扱いとなっていたので、地元の下役ではらちが明かず、地区を統括する最高長官にまで及んで、自己の日本大使たる身分をその長官に納得させねばならない。この地方の監督官は観察使、閻済美というひとで新任であった。教養人であった。船は福州（今の福建省福州）へ回航される。それから閻済美とのやり取りが始まった。

因みにこれまでの時間軸を整理すると、延暦二十三年（八〇四）の七月六日肥前出航、八月十日赤岸鎮に漂着、回航されて十月三日福州着、こののち十一月三日長安に向けて発つことになる。これ『日本後記』による。

上陸

『性霊集』巻五の「大使、福州の観察使に与ふるが為めの書」、これが上陸を希望した日本人一行の、大使名で提出された上奏書である。空海が代筆した。それまで実は数通の書状のやり取りがあった。それらは大使の自筆で、これでは効力が無かったということだ。そしてその代筆文が長安閻済美の心を打った。このような華麗な文章を書くとは並みのものではない、と閻済美は膝を打つ。何が心を打ったか。それはこの文章が、中国の代表的古典の一文を引くことおびただしく、その豪華絢爛な文化度の高さが直ちに読み取れたからである。

これで長安への上表、入国許可となって、上陸を許されるものの名簿が発表された。ところで前出した代筆の「書」のつぎに「福州の観察使に与えて入京するの啓」という一文がある。空海自身が上京を願い出た文である。つまりさきの上陸許可名簿に空海の名がみえなかったのである。代筆は知られていたのに。空海大いにあわてる、である。これには皆不審を思い、閻済美がこの代筆者の才能を見定めて身内にとりこむ算段では、と囁き合ったという。したがって改めて入京を願い出て、許される。そして出発だ。

観察使を呻らせた古典引用の多様性は、現代の曲説に遭うと、剽窃と取られかねないかもしれない。しかしこの文は、海岸際で参考書のひとつもない状況で執筆したものである。文章は皆空海自身の脳髄から吐き出された自前の知識に相違なく、中国古典は空海に咀嚼しつくされて血となり肉となっているということ、これはもはや空海の文化技量そのものというほかないものである。

長安入城

遣唐使上陸部隊は十二月二十一日長楽駅に着いた。もちろん空海もいる。ここは長安入城に必要な装束を整える長安城直前の駅、ここで唐側の迎客使を待ち、二十三日それが到着し導かれて長安城に入った。同二十五日には徳宗に謁見している。

明けて唐の年号で貞元二十一年（八〇五、日本元号では延暦二十四年）正月、大使一行は参内して徳宗にまみえているが、それから間もなくして唐朝の中枢とは連絡が取れなくなり、諸事の終った一行は即座に帰国を希望していたものの、長安を身動き出来なくなってしまった。そして同月二十三日、徳宗の崩御が発表されたのである。連絡の取れなくなった混乱の態がみてとれる。徳宗は、安史の乱後の代宗を継いで財政再建に務め、諸改革を目指したが、想うようには進まなかった。唐朝は徐々に衰退しつつあったということである。

それから三日後、皇太子が即位し順宗となり、唐朝廷が動き出した。かくて二月三日帰国願いの許可連絡が入った。

西明寺

以後の流れを、空海自筆の『御請来目録《ごしょうらいもくろく》』に沿うてみる。

その年（八〇五）の二月十日、空海は西明寺に配住の勅命を受け、十一日遣唐使一行が宿舎を離れ帰国の途につくと、空海ひとり西明寺に移った。長安に残るのだが、その宿舎にはいられない。空海の移動は勅命であったから、ひるがえって遣唐使一行の宿舎も唐朝によって決められていたのだろう。この正月には周辺各国から使節団が入京していたから、唐朝としてはそれらの動向をきちんと把握しておかねば、統治能力を疑われかねない。周辺国は唐朝には帰順していても、周辺隣どうしでは問題を抱えあっている場合もあろう、その争いを長安で始められてはかなわない。管理しなくてはならないという理屈である。

西明寺は日本の留学僧とは縁の深いお寺であった。いま帰路に就いた大使一行に伴って帰朝する「永忠」という日本僧がいるが、このひとは宝亀三年（七七二）入唐してこの西明寺に居た僧である。

かつてのはなし、大宝二年（七〇二）「道慈」なる僧侶が入唐し西明寺に止住した。その後彼は養老二年（七一八）帰国すると、平城京遷都に伴って再建する大安寺の伽藍配置を、中国で止住していた西明寺に模して指導した。これは「大安寺式」と称された。大安寺は奈良時代、天竺（インド）僧菩提僊那《ぼだいせんな》、林邑（今のヴェトナム）僧仏哲、とか唐僧道璿《どうせん》など、来日した外国僧が止住する国際寺院で、これは手本の西明寺が、天竺の祇園精舎様式を模範としたと言い伝えられることと相応すると言えまいか。だからまだ空海が奈良に学ぶ時代、外国情報を得るに格好の寺であったろうと思われる。なお菩提僊那は、あの東大寺の開眼法要に導師を務めた高僧である。

因みに大安寺の創建は聖徳太子に始まると伝えられる。聖徳太子こそ倭国の国際水準を高めた最初のひとであった。起りからして国際的であった、ということだ。「大安寺」と謂われるようになったのは平城京遷都以来で、三論宗を宣した。前出の永忠はこの三論宗を専門とした。空海が若くして出家する動機となったと伝えられる僧は「勤操《ごんそう》」というひとと謂われているが、この僧もこの大安寺の僧であった。

『類聚国史』（十世紀初頭に完成）という史書に、永忠は長安で蒐集した仏典を滞在中にも日本に送ったことが記されているが、これは「渤海国」の使者が日本へ渡るのに頼んだとある。ここに突然登場する「渤海国」という国は、これから以後重要な国名となるから、記憶しておいてもらいたい。

ところで長期留学の永忠が託すのだから、よほど信頼する人物〔と国〕であった、と想わねばならない。託す本はなにしろ苦心して蒐集した貴重文献ばかりなのだ。新興日本にはなくてはならない。この使者はよく期待に沿い、日本朝廷（政府）も使者の帰国の際には相応の礼儀を添えている。政府要人らとしてもこの国への知己がなくてはこういうことにはならなかったであろう。当時のわが国にはよく知った国だったということである。実はこの国は長安からは陸続きで帰れる唐より北方の国だ。日本に寄るには、危険な渡海という経路を踏まねばならない。それをおして成し遂げてくれたこの使者の勇気を、いまに讃えるべきであろう。

青竜寺

『御請来目録』によれば、この貞元二十一年（八〇五）青竜寺東塔院に在る恵果《けいか》阿闍梨に灌《かん》頂《じょう》を受けている。
恵果和尚《かしょう》は、大興善寺大広智不空三蔵の付法の直弟子、不空三蔵は南インド出身で唐に至り、密教の正統を継ぐ第六祖の阿闍梨であるから、恵果和尚は正統第七祖になる。大体に密教は金剛界・胎蔵界の〝両部〟といわれるが、元はそれぞれ別に伝承されていた。それが両部界会というように両会一体的に伝承し始めたのは、この恵果にいたってであると言われている。

六月上旬　入学法灌頂壇　大悲胎蔵大曼荼羅に臨む。
七月上旬　金剛界大曼荼羅に臨む。
両方とも敷きつめた曼荼羅に投華得仏して大日如来〔上〕に着く（落ちる）。
これが縁の結ばれた仏、となる。
八月上旬　伝法阿闍梨位の灌頂を受く。

これで密教秘法のすべてを正統阿闍梨の恵果から受けたということになる。更に恵果阿闍梨自ら命じて、上記灌頂受法に是非必要な「胎蔵・金剛界両部大曼荼羅図」の模写を空海に許して画師十余人をよびあつめ、加えて密教経典の模写を促して二十余名の写経生を集め、更に灌頂に使用すべき仏具十五点を鋳物博士（師）に造らせることとなった。

何とも漢字ばかりの説明で恐縮するが、以上すべてを為しとげたということは要するに、（金・胎の）曼荼羅中に画かれているほとけのそれぞれにそのほとけに付属する真言（陀羅尼）が決まっていて、段に登った行者僧はそれを口に唱える、そのとき手にはそのほとけに決まった印（そのほとけの機能を象徴的に手の形であらわす）を結ぶ、そしてその際どのような心持を心中に持つべきか、を想念乃至《ないし》口に出して謂ってみる、これをすべてのほとけについて繰り返し、その順序も厳密に決められているから、それも間違わないようにしなければならない、これをスムーズに完成したものが阿闍梨、空海はそれを恵果の前で流るるがごとく完修法してみせたということなのである。この〝完成（修法）〟が密教の「悟り（成仏）」で、悟った阿闍梨の利益《りやく》は無尽蔵であるとなる。

近代では、実はこの灌頂式〝次第〟を書いた本が出来ている。登壇者はそれを〝観ながら〟すすめ、その次第も右のような古典から言えばずいぶん省略されているのが実情である。空海が受けた六～八月の行状は現代の現実とは比むべくもない〝もの凄さ〟なのであると理解すべきである。

恵果との邂逅について

ちょっと時間をもどしてみる。あの遣唐使一行が帰途についたあと、西明寺に入った空海は西明寺僧五～六人と青竜寺へ恵果に会いに行く。近来これは〝五月〟と謂われだして定説のようになってしまった。これをとらえてある著名な作家（故人）が、空海はどうして五月まで待ったのだ、すぐに行けばいいのに、と注文をつけた。これはごもっともで、わたくしもそう想う。しかしこの作家は、五月を前提にしたまま、あろうことか、己を高く売りつけるためだった、などととんでもないことを言い出したのである。作家は小説的興味で、いかなる空想をなさるのも自由ではありますが、わたくしたちはもっと実相に即した解釈を模索したい。

わたくしはかつて、この問礼は西明寺に入って「間もなく」のこと、と主張したことがある。そしてその密教学術大会の壇上で先輩先生にこっぴどく叱られたことを思い出す。何処に書いてある、と。確かにどこにも書いてはない、でも〝五月〟と書いてあるところも知らない。五月と決めたのが誰かも、筆者は知らない。

空海は恵果に見《まみ》え、灌頂入壇を許されると、「本院（西明寺のこと）に帰り、供具《くぐ》を栄辨して」かの六月からの入壇にはいった。この一文は実に重要な部分で、最大限強調されるべきところである、と認識すべきである。

この灌頂式事には実に多くの仏具を使用する。前述したように、空海が帰国に際し恵果阿闍梨から造具をゆるされた仏具があるごときである。この他にも現地調達すべきものもたくさんあって、その基本は、これらの供具は自ら用意するのが原則である。曼荼羅こそ設置されてはいたろうけど、そのほかを用意するだけでも数カ月は必要、五月に遭ってこれこれが必要だよ、と先生に言われて一カ月もたたずに用意できる呈のものではない。二月の入西明寺直後からでさえおそらく空海は、大車輪で用意しなければならなかったであろうと推察する。〝己を高く売りつける〟など笑止の沙汰、ただ作家が灌頂式の実像を知らないのは、いかに有名な作家とはいえ、或は有名なるがゆえに、責めるわけにいかない。空海について大書をものしていただけただけでも、その筋のわれわれとしては僥倖といわなければならない。ついでに云えば、であるから六月というのは、この供具準備と恵果阿闍梨の体調を考慮するとき、ぎりぎりの時間ではなかったかと推察する。後述するが、恵果阿闍梨の死期がせまっていた。

因みに現代では受ける道場にすべて揃えられていて、受者はそれを借りてやっている、で〝便壇〟というのだ。現代様式をあの時代の現実と思っては空海の準備は想像できないだろう。つまり空海は西明寺にはいって直後でもいかねばならない、という謂《いわ》れである。

もう一点、恵果に遭ったのが「偶然」と表現されている。ましてその直前文が「城中を歴《へ》て名徳を訪る」とあるのによって、空海はわけもなく長安街を流していたら〝たまたま〟恵果の青竜寺に遭った、ごとき理解をしている向きがみえるが、それでいいか。

この「偶然」という語彙は、実はさまざまな仏者の行状の記録にしばしば見られるのだ。念仏の師が「偶然」念仏に合い、とか、法華行者が「偶然」法華経に遇ったとか、これを現代の意味で〝たまたま〟とみるのは、正しいか、仏教的に考えてみたい。

仏教はモノの把握の基礎に「縁起」という視点を据える。袖擦り合うも多生（他生）の縁、というものだ。ほんの偶然と思われることも、実は三世に渡る因縁関係にあってこそ遭えた、とみる極めて深いつながりを述べているのである。したがっていまの「偶然」は、空海と恵果の邂逅が、三世に渡る深い因縁による、と意識した空海の心象言であると言いたい。入壇修法中、廣く敷いた曼荼羅図に華を投げるところがあるが、そのとき一度ならずに二度も（金・胎の）大日如来像上に当たったのも「偶然」というが、これも当たるべくしてあたった、のである。

世上騒擾

なおちょっとそのころの世上に触れておくと、この貞元二十一年（八〇五）正月二十三日に徳宗崩御、順宗即位、ですぐに改元するのは親を蔑《ないがしろ》にするようで儒教の孝に背く、とてすぐには改元は為されず、翌年正月には順宗のための改元、のはずが、この順宗は同年八月退位し、皇太子（同年四月立太子していた）即位して憲宗となり、その翌正月に改元して元和元年（八〇六）となった。そうすると〝元和〟は事実上憲宗の年号になるから、年内に即位して、同年中に退位してしまった順宗の元号が無いことになってしまったのである。順宗は年号を持たない皇帝となってしまうという慮りから、その貞元二十一年の後半八月から十二月までを〝永貞〟とした。五カ月しかない永貞、これを順宗の年号としたのである。

その翌正月「元和（八〇六）」に改元した直後の十九日には、何と太上皇となっていた順宗が崩御、如何にも目まぐるしい政変だ。この裏には幾多の謀略が囁かれてしかるべき時局であった。つまり皇帝に対する灌頂の国師でもあった恵果が、混乱の宮廷内によばれて、この帝室の安泰を願う祈禱もしなければならなかったであろうということである。これは、恵果の身体をいたく疲労せしめたにちがいない。

4　帰国の途

帰国に向けて

「灌頂」が全て成満すると、恵果和尚から、

> 早く郷国に帰り、もって国家に奉り、天下に流布して蒼生の福を増せ

と告げられた、と空海は記す（『御請来目録』）。

実は空海は二十年留学僧として入唐している。この時代、その者が期日を早めて帰国すると「闕期《けつき》の罪」にとわれる。空海自身その即座の帰国に「死して余りあるといえども」（同前）というきつい認識もしている。でも空海は直ちに還国してしまった。この推移について、どう考えたらいいのか。

帰国の途、大同元年（八〇六）〔秋ごろか〕九州大宰府に着いてから、みやこに入るまで三年待たされている。大宰府に留め置かれたのである。これが朝廷からの咎めの証《あかし》、という説

がある。しかしこれでは「死して」云々と落差が大きすぎないか？　止められること三年程度では。

あるいは、二十年留学と謂うが、日本朝廷から正式にそう指定されるほどの身分では無かったのでは、という説もある。確かに〝二十年〟というのは空海自身の言で、公式記録にはあるのだろうか。入唐の途、空海は〝大使付き〟のような位置にいるのについて、既述したように、大使の通訳であった、という一説さえある。通士という役は〔ことのほか〕低い。そのときの遣唐使一行については、あの有名な最澄も同行（第二船に乗った）していた。しかし最澄は既に朝廷との結びつきも深く短期留学生と決まっていた、短期留学生と通士とでは、両者の知名度には格段の差があった。最澄に比すれば、空海はほとんど無名に等しい。空海については、敢えて期限を定められるほどでさえなかった、ということも、あったかもしれないのである。しかしそうすると、空海自身がわざわざ〝闕期の罪〟を云々する意味を問わねばならない。そこで――。

すなおに空海の言に従えば（『御請来目録』）、つぎのようではないか。

空海にとって、得たところの仏法―密教は「生きて請来する」に値してあまりあるという自身の絶対的確信、これがほとんど心の全域を占めていた。期日繰り上げての帰国には「ひとたびの懼《おそ》れ」あるも、「ひとたびの喜び」もまた「至りに任《た》えず」と云う。〝早く還る〟のは恐れ多い或は懸念も極まるが、反対に喜びも〝きわまれる〟のだ、ならばいっそ〝喜び〟

に沿おう、この喜びはほとけの喜びでもある、この心持が自己の決心を決めた、つまり帰国しよう、と結《けつ》したのではないかと考えられるのである。しかも闕期の罪といっても、若し前述のように期間の正式に定められたのでなかったなら、よけい帰国すると決めた心理に抵抗は薄い、〝帰国〟意思に容易さが伴わるであろう。

帰国―ひとたび心を決めた暁には、そのための準備に入らねばならない。

恵果入寂

かくて帰国準備に入るが、実はこの同年（八〇五）十二月十五日、恵果和尚が御遷化になってしまう。遇見して丸一年にも満たない別れのあまりの速さに痛ましさも限りがない。ところで、なんともこの推移、あまりにも際どい、際どすぎると思われないか。若し半年でも空海の唐国到着が遅れれば、もはや恵果からの「付属・受法」は無理であった。それが間に合った、これは偶然であったろうか。偶然といえば、以上のここ一〜二年の（入唐から帰国までの）展開、（現代的意味での）偶然が続きすぎる、ように思われないか。そこでここから、この〝偶然性〟を考察するとともに、空海の「入唐意図」に及ぶ論述をしたいのだが、とりあえずこの遷化に伴う経過を語っておきたい。

『性霊集』巻二に、「大唐神都青竜寺故三朝国師灌頂阿闍梨恵果和尚碑」という文章がある。その書記に「日本国学法弟子苾蒭《びっしゅ》空海撰文併書」とあり、空海が恵果和尚遷化に伴って碑銘を建てるにつき、乞われて書いた文章である。和尚は翌元和元年（八〇六）一月十七日に埋葬法要されているので、それ以前に書かれたという説があるがどうか？　かなり長文で、「恵果和尚」のひととなりの偉大さを微細に記載する。

まず和尚は大興善寺不空阿闍梨の高弟、密教の正嫡として仏法興隆に邁進、上は玄宗、粛宗、代宗三代にわたって国師の位を得、下は寺に寄る財すべてを貧窮救済に注いだ。出家お弟子の存在は国を越えた多彩さで、唐内では剣南から、河北から。剣南とは四川省奥地、河北は黄河以北・以東、要するに弟子等は唐国すべての地から集まっている、ということだ。その弟子は国内ばかりでない。訶陵から、新羅から。訶陵とは現代のジャワ島中東部をいう。いま風に言えば世界を回ってきた、となろう。新羅は朝鮮半島の統一国家、弟子の名は恵日といって五天を廻ってやってきたという。五天とはインド、この叙述感覚をいって「三韓を渉りて」というが、これは全朝鮮民族を代表してというようなニュアンスといえようか。これに空海を含めれば、恵果和尚の弟子は仏教世界を網羅していると言えるのである。

空海がここで、恵果和尚のこのようなお弟子方の〝多数〟に言及していることは特筆すべきである。その自らのありようについて、空海一人称でのみ語るのではなく、多数の弟子群のなかのひとりとして自らを位置づける空海の広範な視点に注目すべきである、ということである。もし弟子空海を一人称で語るのみでは、自己自慢だけではないかと誤解を受けないともかぎらない。そういう後世の下世話な危惧に対して、恵果和尚には多方面の弟子ありて、それぞれの方面に活躍しつつあることを披瀝してもらうことで、同じようにそのように空海の受法が稀有なことであり、その弟子のひとりとして空海も倭国日本で密法の宣布に邁進することになったのだということが、後世のわれわれにも客観的に認識できることになる。そういう意味で〝特筆〟されるべきであると考えるものである。

これらの記述はどうじに恵果和尚の偉大なることを客観的に述べたものでもある。それを多方面から華麗なる文章力をもって表現したのがこの碑文である。

碑文の後半では、密教伝流の奥深さ、大日如来・金剛薩埵から、そして善無畏・金剛智と、脈々と相承してきてここに「恵果和尚」があることを述べ、そういう縁に連なって空海自身も受法にあずかった御礼の誠を深々とささげることを忘れていない。この後半で、正月十七日（元和元年＝八〇六）の埋葬についても、その悲しみのありさまを子細に述べている。これをみるとこの碑文は、この日までに書かれたという前説も解るが、この十七日以降といっても間違いではないようにみえてしかたがない。

なお弟子群を述べる段で、唐密教界にも伝持者のいることが述べられている。そのひと、義明（内供奉者―宮廷内出入り可）という。中国側に伝持者がいるのは当然といえば当然であるが、従来ともすれば空海ひとりにのみ伝法されたように謂われる印象のような、空海の去った唐密教界への配慮の欠ける記述にお目にかかることがあるので、特記しておきたい。

こういう記述があることで、空海の歴史的価値がより普通的に証明されたように思われるのである。

帰国申請

『性霊集』巻五に「本国の使と共に帰らんと請う啓」がある。帰国願いである。

わたくしは浅薄無謀にも渡航してきたが、この長安城にて般若三蔵と恵果大阿闍梨に遇い、大悲胎蔵・金剛界の大法をすべて受け、両部大曼荼羅も写しおえ、必要な経典二百余部も書写し終えたので、この上は速く帰国して天皇の御前に報告したい、ついてはちょうど日本からの使節団がきているので、これに伴って帰国したいという旨を記したものである。

使節団とは、高階真人《たかしなま ひと》遠成《とおなり》の遣唐使、日本朝廷はかの空海が加わった四艘のうち、難破して日本に戻った船の一隻を「会同の礼」に再び派遣するということで、真人が遣唐判官（長官）に急遽任命された。会同の礼とは唐朝新皇帝への正月挨拶をすること、前述したが唐朝では永貞元年（八〇五）二月には徳宗崩御、順宗即位したもののこの八月には退位してしまって憲宗追即位となっていた。順宗即位のつもりが、正月の新皇帝は憲宗になっていたものの、ともかく新皇帝なったので、翌元和（唐年号）元年（八〇六）の新年に合せて派遣されたのがその真人使節団であった。賀正挨拶が終われば直ちに帰国となるから、これに同乗したいというのである。

これも偶然と謂えばあまりに偶然、幸運の極みであろう。還らねば忽ち年老いて白髪となるを待つのみ、ではなんとも云う言葉もない、と帰国を懇願している。ことのついでのように『性霊集』巻五には、空海とともに入唐した橘 逸勢《たちばなのはやなり》も帰国を願い出る願文が、空海の文に続いて掲載されている。空海の代筆に依るのだ。それによれば、語学力と学資の問題で留学を続けることが出来ない、ただし「琴書」を学んでこれだけは功成し遂げたので早く帰国してわが国に伝えたい、と。「琴書」は琴と書、と理解されている。音曲と書道である。帰国すればこれも闕期の罪となるが、古代舜帝時代に音曲をもって国を治めたという故事を引いて、日本に伝える価値有りを主張している。このように闕期の罪をおして帰国を願う事例が続くのを想えば、この頃既に、この留学期間の順守に若干の緩和があったのか、空海・橘逸勢の願い状がならぶのをみるとき、そんな状況も考えられなくはないようにみえる。

さて続けて『性霊集』巻五とか伝記の『御広伝』によってみるに、空海は恵果和尚に粗末だがこころからの袈裟と柄香炉を献納して誠をあらわし、大唐元和元年（八〇六）四月には越州に着き、当地の節度使に内外の経書を求める許可願いを提出した。密教に関わる典籍は既に長安で大体蒐集しているから、ここでは儒・道教に及ぶものから医学・インド学にまでの広範な資料をもとめている。節度使とは、辺境の治政のため臨時に設けられる地方長官である。

越州は現代中国浙江省の杭州から東方の港まちである寧波《ニンポー》に至る途中の都城、この寧波が古代に謂う明州だ。越州からほぼ南方百キロ余には天台山があり、最澄は前年〈八〇五〉ここに入って順暁阿闍梨に灌頂などを受け、仏典を求めて直ちに帰国している。因みに、帰国してただちに灌頂を修しているが、日本仏教界で初めて灌頂を為したのは、この最澄であった。

空海らはこの〈八〇六〉八月〈と伝えられる〉明州に出て還国の途についた。帰りの航路も「数数の漂蕩に遭う」(『高野雑筆集』上)という。のちのち、その海を鎮めるために三鈷杵を投じ、それが高野の地に落ちて開創となった、という伝説が有名になった。

空海らは博多大宰府に入り、直ちに帰国報告書を書いている。それが『御請来目録』、この日付けが「大同〈日本元号〉元年〈八〇六〉十月二十二日」となっている。これはあの高階遠成に託されてみやこに献上された。実はみやこでは、この年の四月には桓武天皇崩御し、その第一皇子が後をおって平城天皇となっていた。

空海の入唐はこれで終った。足かけ三年、事実上永貞元年〈日本元号・延暦二十四年＝八〇五〉一年のみ、この一年で空海の得るべきものはすべて成満した、と言えるほどである。「虚しく往いて実ちて帰る」という『性霊集』に複数登場する惹起文が、その達成感をよく表していると、のちのち語られるところである。

入唐の目的

ここから、空海の入唐《にっとう》目的はなんであったか、が問われてしかるべきとなる。平たく「勉学に」と言っても、全く説明にならない。勉学を目的としない留学生はいない。そこで——。

かの「実ちて」という内実は何であったか、ひと言でいえば〝灌頂受法〟である。それも不空阿闍梨正嫡の恵果和尚からの直伝である。これまでの経過をつらつら惟《おも》んみるに、なにげなく入唐した成り行きのままに進んだ、とみるにはあまりに偶然（現代的意味で）過ぎやしないか。しかも「灌頂」は、これまで縷々《るる》述べてきたように、たまさかその機会にぶつかったので（ついでのように）受けておこう、というような安易な修錬態度で受けられるような類いの修法ではない。再説するに、金剛界・胎蔵界に網羅されている仏像（尊格）一体一体に対する印相、真言、その観想に通達し、しかもそれらを順正に流麗に声に出して誦し修法できて、初めて伝法される資格を有することになるというもので、密教はそういう類いの密法であるのだ。

修法とは、手に印を結び、同時にそのほとけの真言をとなえ、観想する。観想とは、その仏ほとけそれぞれの有する存在の意味（三昧瞑想の状態）をこころにえがくことである。真言読誦も速やかになめらかでなければ、とても恵果から合格は得られまい。それ（許可《こか》）が可能であったことは、真言（梵語）に堪能であったということである。長安城に入ってから般若三蔵に遭い梵語を学んで、などと喧伝する向きがあったけれども、これを真っ向から否定しなければならない。三蔵に邂逅した事実は空海自身も述べているが、梵語学習の為ではないと理解すべきである。

すでに申し上げたように、従来、入唐して長安に入った空海が高僧を訪ねて城内を散策し、偶然恵果和尚に遭ったので灌頂を受けることにした、ような印象で語られることが少なくないが、そういう安易な推移は、灌頂受法の場合絶対に考えられないのである。

すなわち、空海は当初から灌頂受法を目的として入唐し、遣唐使一行の帰った後さっそく（すなわち八〇五年の二月である）恵果和尚の御許に駆けつけて自らのこれまでの独修したところを確認し、修正し、灌頂に必要な資具のほとんど（金胎両部曼荼羅は青竜寺に用意されていたろう）を自らそろえて、六月、七月、八月と受法した、と考えるのが妥当、と思考する。「修正し」とは、空海は灌頂の次第をみずから組み立てている、〔現代と違って〕既製本があったわけではないのだ。『大日経』に、『金剛頂経』に則って自ら作成した、それを確認しなければならない。当然に恵果の指導によって若干の手入れもあったに違いない。〝修正する〟である。

入唐目的は灌頂受法、これも筆者が若いころ密教学会で発表したところ、当時の学界の泰斗にえらく叱られたものである。さきの〝二月青竜寺来訪〟の一件のでんである。何処に書いてあるんだ、と。この入唐目的と二月青竜寺訪問とは不離の関係である。

確かに空海は何処にも「灌頂を受けに行く」とは記していない。しかし帰国して残した文章のすべてが、灌頂受法の素晴らしさを語って余りあるではないか。灌頂に対する絶対の自負を表明してやまない、ではないか。それはほとんど、灌頂受法目的を叫んでいるに等しい、と私にはみえてしかたがない。

くどいようだが、「灌頂」は結果論的に成り行きでそうなったというようでは受けられない、受法する側がよほどの修練を積んでいかなければ、その受者席に着くことさえ全く無理、そういう修法であるから。帰国後に残している〝灌頂〟に関わる文章は、入唐に遭った事実の報告ではなくて、目的まさに達成、の報告とみるべきと申し上げたい。「虚しく往いて実ちて帰る」である。

空海が入唐する以前の日本仏教界には、「灌頂」は無かったし、そういう言葉さえなかった、ということを詳細に証明して、平井の主張は成り立たない、と反論なさった先生もおられた。それはそうだが、古く『大日経』は既に伝来し、空海は久米寺で「感得」したと伝えられる。「感得」は深く奥深く独修したことを象徴的に表現したことの反映ではないかとみえるのだ。だとすれば『大日経』を熟読すればその完成が灌頂受法だ、とは直ちに理解できるはずである。経典にはそう説かれているから。すなわち「灌頂」の語がなかった、といっても小生に対するなんの反論にもならない。かえって空海の学習の緻密さを証明する、わたくしの論証の不備を補うことにさえなった。

「入唐目的」余論

それから、例の叱正された一件について、この項の結論として述べておきたい。空海の「入唐目的」はいつに灌頂受法のためであった、という説は、こんにち真言宗の各方面でほぼ認知されている。空海の唐における修学のほとんどが灌頂に費やされたことは、これまでにも真言宗内外の誰もが認めていたところで、異論するところはないごとくである。なのに何故あんなに〝異常なまで〟反応されたか、それは小輩が灌頂を「入唐目的」と確定的に言説したから、と心得る。何故か？

それは近代人が「灌頂」の本当の重みを認識することに、いささかならず無自覚であったからと思われる。近代になされている灌頂は、いささか安易、と云ってはなんだが、かなり簡便に受けられるようになってしまっている。その現代の〝灌頂現実〟を想起するとき、それが〝目的〟とはとても考えられない、あの空海が〝あんなこと〟（失礼！）を〝目的として〟海を渡ったなど、知を大上段に背負った近代人にはおよそ考えられなかったのではないか。そこに虚を突かれた、そんな思いがあの異常反応の原因、ではなかったかと想っている。

灌頂の持つ精神性、近代人、特に知識人と称するひとたちは即座には目にみえぬ精神性には何とも弱い、つい軽く見てしまう傾向があったことを否定できないが、どうだろう。たとえば近代歴史学が、「怨霊」のような心象を非合理的なものとして見過ごしがちであったごとくである。その結果〝息をした人間の歴史〟がなかなか書けなかった。構造的な理論歴史学では〝活きた人間〟の歴史は書けない。ちなみに、近時ではようやくそれに気づき始めたと思える記述に、時折お目にかかれるようになった。

もう一例をあげれば、例の叱責の言葉が〝どこに書いてあるのだ?〟という。文献学的に書いてないことを言うのは何も証拠とならないという思い込み、が、文献の持っている真の意味を見落としてしまう危うさに気付けない。行間を読まなければ、文献を読んだことにならないではないか。本当の文献学は、紙背の真実にどこまで迫れるか、であると考える。「灌頂」の総体がもつ重大性を想えば、西明寺から青竜寺に問礼するのは、西明寺に入った直後二月でなくてはならない。それを五月になったとして、みずからを高く売るためとした著名作家の反応は、ある意味でまともでもあった。灌頂が目的、にうすうす気づいていた形跡を示しているからである。ただ作家としては著名でも、灌頂の内実は知らなかった。だから〝五月訪問〟をかえることはなかった。それで〝高く売る〟説をかえることはなかった。かくて〝高く売る〟ごとき〝俗台詞〟となった、と思う。

因みにこの作家は某新聞社の宗教担当記者であった。取材である神社を訪れたとき、神主さんが二人顔を真っ赤にして議論(言い争って)していた。後で何をそんなに言い合っていたのか聞いたところ、神事のやり方の実に些細な(彼にとってみればどっちでもいいようなこと)ことであった、という思い出話をどこかに書いていた。私も神事の細事には不案内だが、ほんとにそういう細事にこその道の真実があるだけは理解している。もっとも人気の秘密というものは、概して言えば、このおおざっぱな〝無遠慮〟にあるのかもしれない。

情報収集網

もうひとつ、偶然とは思えない事実について考えてみたい。

恵果和尚の遷化直前に間に合った、ということである。これも、空海は唐仏教界についての〝情報〟を子細に掌握していたから、ぎりぎり間に合わすことが出来たのではないかと考えている。もし成り行きとしたら、前述したようにあまりに偶然過ぎるとしかみえない。そんな偶然滅多にない。しからばそういう情報はどのように手に入れることが可能であったか。

『性霊集』巻三に「新羅の道者に与える詩並びに状」がある。新羅はときの朝鮮半島の統一王朝、筑前太守から、貴殿（上人出家者）等（複数）が来日した旨の連絡があって、私空海はすぐにもお迎えしに行かねばと思いながら、ちょうど禅定に専念しているところで叶いません。いまみなさんの法衣を作らせているので託します。皆さん入京の折には親しくお話を伺いたく、よろしくご推察くだされたく、と。そして詩あり。

この状は先学によって弘仁九年（八一八）三月十九日付けの書状となっているが、この親しげさは昨日今日の付き合いとは見えないではないか。たとえば、法衣を贈るのは何故と考うるに、日本の夏（四月からは夏）の暑さは新羅に比すれば格段にきつい、この事情を察した気遣いとこころえる。つまりふりかえって空海は新羅という〝現場〟もよく知っているということである。新羅の地で過ごす様のころもで、日本の夏を過ごすのはかなりきつい。この新羅僧等への気配りの深交度は、空海の帰朝以前からの既知があったと想定しても間違いではないと信ずるものである。〝詩〟の部分で「言を忘れ、蓋を傾けて」と云う。言葉も必要としない旧知のなか、とその親密度を詠じているのである。

『高野雑筆集』は空海の手紙ばかりを集めた遺文集、これに漏れたものを集めたのが『拾遺雑集』（明治になって編纂された）、ここに「南山の中にて新羅の道者過ぐるに見《まみ》ゆ」と謳うもうひとつの詩がある。かの道者が入京後空海の下に素早くやってきたのだろう、その素早さたるや「飛来」した如し、と讃えているのだ。南山は高野山のこと、入国後ただちに駆けつける新羅僧の空海に対する思い、そしてそれを讃える空海の、両様の思いの深さが察知できる詩である。

要するに、唐仏教界の情勢は、こういう新羅僧らを経由して充分に入ったとみられるのである。新羅は常に唐をみている王朝、唐とは地続きの強みを有す。その地の新羅僧はなべてなによりも唐仏教界に学んでいた。情報の入らないはずがないではないか、と考えるべきであろう。

更にもうひとつの事例。

この同時代、唐以上に唐たらんと願った王朝があった。唐より北東方向に「渤海国」という。その最大版図は北は今のロシアはハバロフスク北方から南は遼東半島まで、唐と直接国境を接した時代さえあった。その国の名が空海の書簡に複数あらわれるのである。『高野雑筆集』巻下に「渤海国の王孝廉宛」という手紙がある。王孝廉は弘仁五年（八一四）九月日本来朝、翌年正月のわが朝の宴典に連なる、その折にこのひとは空海に手紙を贈り、それに応じたのがこの書簡で、弘仁六年（八一五）正月十九日付となっている。実はこの国、奈良・平安の時代にわが朝に三十数回の使節団を送ってきていて、わが方も十数回の返遣使をたてている。

さて、弟子があなたの来日を知らせてきたが、通知がおくれてお会いする機会をつくれないのが残念です、あなた様の日本でのお使い事は十全に遂行できたようで幸甚幸甚、ともかくわたくしの親しき気持ちを伝えたいとこの書状を返贈します、と。

この大使は同年五月（三月とも？）帰国の途にむかい、その途中で病死してしまった。これを悼んで空海は「渤海王の大使孝廉中途に物故せるを傷む」を草したのが『本朝秀句』に載り、『拾遺雑集』に掲載されている。

〔わたくしはあなたとの〕これまでの親交をふりかえるとき、突然の〝お別れ〟が残念でならない、それに加えて故国のご遺族の皆さまのお気持を思うと〔忍び難い悲しみでいっぱいです〕、と。この親密感は並みのものではない、深い篤実の心もちがあることを想定して大過ないと考えられる。かなりの年月を濃密に昵懇の付き合いがあったとみる、つまるところ空海の交友関係が如何に国際性に富んでいたか、に、着目しておくべきである。

ところで以上の書状はどれも帰国後の日付けだから入唐以前の証明にはならない、という反論もあるかもしれないので、ならば入唐以前にはどうだったか。

『性霊集』巻五の「籐大使渤海の王子に与うるが為の書」は、あの葛野麿大使が唐室朝見の折（八〇五年）のもので、大使は朝見会堂かで渤海王子を望見でもしたのだろう、親しくお話しかけたかったが、でも自由には声掛けもできず、このままたがいに帰国してしまうことになると、もうお会いできることもかなわないだろう、この無念の気持をお察しいただきたく書状をしたためました、という文面である。

籐大使は王子がわが国に来訪したときに知り合っていたのだろう。これを空海が代筆したのであるが、この代筆文とはいうものの、ここにみえる迫真性は、代筆を越えて空海自身の既知感の発露ともみなされる、空海の想いでもあったと考えたいところである。そしてこの文書はその日付けから、親交が入唐以前からあったことを明示する文章でもある。この渤海国は唐王朝を目指してやまない王国で、仏教文化を基調としていた。空海の広範な情報アンテナが入唐前からここら辺にまでも及んでいたということである。そしてこれら新羅や渤海国のひとびととの関係は、入唐以前にまで遡って設定していい、と想う。それでなければ、これほどの親任関係は築けないのではないか。

そこで空海の前半生をみるとき、あの不明の七年間はこういう人間関係構築に格好の期日ではなかったか、といえる。もしかしたらさらに遡って既に、彼が儒教世界から仏教世界に舵をきって以来、大安寺など仏教を学び始めたかなり早い時期から、そういう人間関係に留意しながら学ぶ姿勢を執っていたと想定してもいいかもしれない。

それはまた密教修学という意思決定とも連動したろうとも想える。何しろ密教修法に通脱することは簡単には成し遂げられない。早くからその心算《こころづもり》をもって修学し研鑽を積む必要がある。情報の収集と学修と、両様並列に研鑽する空海のすがたが、以上の考察からみえてくるのである。

かくして唐密教界の重鎮・恵果和尚御身に関する情報もかなりの精度で把握していた、とみられるのである。それは予断をゆるさないものであったのではないか。さすれば急がねばならないと痛感していたにちがいない。

遣唐使派遣の謎

〝そのとき〟遣唐使が立てられた。これに乗船するのが最善である。正嫡からの伝法、それは国家正式使節団によってはこばれてこそ相応しい。しかし——そういうときまさに遣唐使船が仕立てられたについては、これは偶然？　偶然といえば、帰りの遣唐使船も、実に都合よくきてくれたものである。

（八〇六年の）帰国船の派遣は憲宗即位の正月謁見に合せるためのものという目的が明瞭であったが、二年前の入唐船（空海の乗った藤原大使一行の）にはそれは無かった。徳宗の最後の正月（八〇五年）謁見にあったのはそれこそ偶然で、この一年は唐朝に何ほどかの政変があったのかもしれず、さすがにそれを日本政府が察知するのはむずかしい。ともかく皇帝交代の忙しい年ではあった。お蔭で藤原大使一行の帰国が少々遅らされたことは前述した。空海が長安に残り西明寺にはいって、灌頂を受けた年（八〇五年）である。

このとき帰朝した藤原大使の報告に、唐朝は徳宗から順宗に代わったとあったのだろう、翌（八〇六年）年正月の新皇帝謁見に間に合わせるようにもう一便高階遠成が急遽大使にたてられて、ただちに送られる、これが翌年（八〇六年）空海帰国の便になったものだ。なお前述のごとく順宗は同年中に退位、高階大使一行の謁見した新皇帝は次の憲宗であった。

藤原大使の遣唐使がたてられたときには、皇帝交代などの状況は無かった。まったく日本側の判断による遣唐使派遣だが、これに空海のおじ（母方）・阿刀大足の尽力があったのだと論ずる識者がいる。

遣唐使は国家事業、国家と言えば天皇、天皇と言えば延暦二十三年（八〇四）時の天皇は桓武天皇、桓武は藤原南家の女・吉子との間の皇子・伊予親王を寵愛していた。その教育係りが阿刀大足、ということで、ここにルート有、という主張である。唐に正式入国を望んでいた空海の希望をおじの大足が伝達した、この経路は実は空海の大学入学（正規には修学年齢を過ぎていた）においてもはたらいていた、と論じられる。まことに興味深く、人材配置状況もいいのであるが、これに見合う書簡とか何か動的資料がひとつでもあればいいのだが、こればかりはいまのところ私に同調する勇気が出ない。なにしろ入唐前の空海は、ほとんど無名であった、国家との落差はありすぎるようにしかみえないのだ。

これを補完できる理論のわいてくるのに留保して、取敢えず先に進みたい。

5　大宰府から入京、そして高雄灌頂

大宰府に在す

空海は大宰府に入って『御請来目録』を提出（大同元年＝八〇六年十月二十二日付）、みやこに入る許可を待ったが許可は下りず、結局みやこに入れたのは三年後の大同四年（八〇九）の秋ごろ、同年七月十六日付で僧空海の入京許可の太政官符が残っている。この三年間の猶予が闕期の罪の徴、という論があるのは既述の通りである。

空海の唐出立のころ（八〇六年）、三月に桓武天皇が崩御、五月には第一皇子が即位して平城天皇、この天皇の代は改革の治政でもあった。桓武天皇の時世に肥大しきった軍務・官吏組織とか、財政再建とかの改革をめざし、国家の立て直しに務めたが、人事の偏りもめだち、即位翌年（八〇七年）には、後年「伊予親王の変」とよばれる内訌《ないこう》が起る。桓武天皇第三皇子の伊予親王（平城天皇の異母弟）が謀反を起こそうとしたというのだが、これはのちに

濡れ衣と判明、しかしこの〝変〟で、多くの処罰者が出たことは事実、その時点では伊予親王と母藤原吉子が自害（この年の十一月十二日）したのも事実で、社会は騒然となったといってよかろう。

　藤原吉子は藤原一族の南家出身、藤原家には南家・北家・式家・京家の四家あって、この朝廷内の内訌にはこの主導権争いが絡まっていたのも事実、これでは流動的にならざるをえなかったであろう。ちなみにこのとき伊予親王の教育係は阿刀大足から浄村豊成《きよむらとよなり》というひとに替っていた。おかげでこのひとは〝変〟に連座させられて立身の道を絶たれたが、のち或るひとから又就職推挙がありその推薦文を草するのを空海が代筆し、それが『性霊集』巻四に残っている。

　こんな推移の中から台頭してきたのが、藤原式家出の藤原薬子である。彼女は平城天皇が皇太子時代からの寵愛女で、桓武天皇に追放されたが、その死とともにまた表舞台に登場したのであった。こんな社会では、穏やかなはずがなかった。

　しかも平城天皇は元来病気がちであった。時代変革に精を出しても息が続かない。それに加えて、無実の罪で憤死した伊予親王の怨霊、という恐怖から為政の世界は動揺に明け暮れていた。あの時代、ときの為政者たちにとって、この〝怨霊〟という情念は極めて重い意味を持っていた。社会変動の大きな要素となるもので、現代のわれわれは科学なるものに惑わされて見落としがちだが、ひとたる在り方からは決して見落していてはならない心象である。歴史を動かすほどの恐怖であったのだ。

そこで空海の入京の遅れであるが、そんな社会騒乱ともいうべき政局のなかで、大宰府に着いた帰朝者のひとりに注意を向ける余裕はなかった、というのが、事実ではないだろうか。平城天皇はあまり仏教にも関心が薄く、空海ばかりではなく、最澄にもあまり気を向けていない、ともいわれている。改革もしなくてはならない急務もあってそれこそ、それどころではない、という具合ではなかったのか。いわば〝入京申請〟も未決の書類箱に埋もれたままになっていた、ということでは。

なお空海は入国上陸で「東長寺」を創建したと伝えられる。現にその名のお寺が福岡市博多区にあるが、この場所は近世初めに移築されてきたところである。遺文には「観世音寺」に居た、という伝があるが、現代の太宰府市にある観世音寺には空海の伝は残っていない。この太宰府市は「大宰府史跡」のあるところである。

いよいよみやこへ

さて、かの入京許可の宛先は和泉（大阪南部河内地方）ノ国司に、であった。ということは、空海はそのとき和泉ノ国までやってきていたということである（それまで西国を遍歴していた形跡もあり）。たまたまここにいたとき許可が下りた、ということはない。政府当事者に、彼が和泉国に居る、ということが明瞭に確認されていたとみなければならない。でなければその国司に発布されない。それは現在の和泉市にある施福寺（通称〝槙尾山寺〟）だと謂われるが、わからない。このお寺で空海は得度したという伝承もあるが、まったく定かではない。

入京を許された空海は「高雄山寺」に入った。京都中心から北西方の愛宕山中腹（右京区）にあるお寺で、和気ノ清麻呂に関わるお寺と伝えられる。現在此処に「神護寺」があって、その境内に清麻呂公の墓がある。この二寺の関係であるが、いささかわかりづらい。かつて和気一族の私寺として神願寺があった（所在地は不明）が、ここの立地が悪く移動して高雄山寺と合併し、それがいまの神護寺となったという伝えとなっている。高雄山寺もその地に古くから存在したが伝は不詳、神護国祚《こくそ》真言寺（神護寺）の名が記録に登場するのは天長年間（八二四〜）で、のち空海弟子の実慧とか真済が別当（住職）を務めたこともある。

和気ノ清麻呂は奈良時代、藤原仲麻呂の乱とか道鏡に関わる騒動に功をなし、桓武天皇の御代には有力側近のひとりとなっていたが、空海入京の頃には既に亡くなって息子の広世の代になっていた。広世も有能で、和気家は最澄（ときの仏教界の第一人者）との縁も深く、空海の高雄山寺入寺にはこの縁がはたらいたのだという説がある。どうだろうか。

ときは騒擾の時代であった。空海入京（八〇九年）直前の四月、平城天皇は退位、弟の神野親王即位して嵯峨天皇となった。このとき皇太子と立てられたのが平城天皇の子高岳親王、譲位した上皇は旧京（奈良）への移住を公言し、争いの種をまく。

そのような情勢動向のなかで、空海はかの『御請来目録』を提出してあったことで、嵯峨天皇との関係が天皇即位前からすでに生じていたとみられる手紙が認められる。『性霊集』巻四の巻頭にある「勅賜の世説屏風に書し畢《おわ》って献ずる表」は、嵯峨天皇が大舎人《おおとねり》山背豊継《やましろとよつぐ》を空海の下に派遣して屏風に『世説新語』を書かせたようすを記したもので、これは先師によって大同四年（八〇九）十月四日のこととされている（『高野大師御広伝』）。

〝即位の前から〟というのは、嵯峨天皇は空海帰国時には皇子であったから、提出の目録をみることが出来た、そこにもたらされたものの価値は即座に見抜いたであろうということである。即位の前から多大の関心を寄せ、自らが天皇になったなら空海を入京させる勅令が出せる、そう決心したのではないか。そして〝入京〟という結果は嵯峨天皇即位の直後である。さすれば入京は嵯峨天皇の強力な権限執行の結果、とみえないか、ということだ。一部で指摘されている最澄の助言というのも否定できないだろうが、三年も間を置いた〝助言〟は不自然といえば不自然、かつ許可権限はあくまでも天皇にある。もっぱら嵯峨天皇の意思とみるのが妥当ではないか。しかもそれ以後の天皇と空海の関係度は深まるばかりで、空海のその後年の推移のありさまは、いまの嵯峨天皇主導ではという推察を裏付けるばかりである。

貸借関係

実はこの大同四年（八〇九）の八月二十四日付で、最澄が送った経典類の借用状が存する。これを入京〝直後〟のことである。最澄も〝目録〟は見ることが出来る社会的地位に居た。これは最澄と空海の以前からの面識有った徴《しるし》とみる向きがあるが、これはどうだろうか。

ところでこの手紙、筆者には最澄側の高姿勢にみえてしまうのだが、どうか。遜《へりくだ》る単語は使っているが、貸すのは当たり前、という姿勢がみえてしまう、と想うのは僻《ひが》みか。手紙は弟子に持たせている。これも親しみの証というのだが、そうだろうか。今着いたばかり、のような疲労の極まりのときにいくら親しくてもこんな依頼するか。荷も解いていない、よ。少なくとも公式には初めての〔と思われる〕依頼状（手紙）である。そういう手紙で時候の挨拶もろくになく借用要件に入るだろうか、筆者には不自然に思うばかりである。

しかし空海は、旅の疲れもさめやらないままに、その依頼に沿いすべてを貸し出している。それからである、借用依頼はたびたび続くのに、空海は丁寧にいちいち応じているのである。そしてそれとともに、最澄からの依頼状文の調子が微妙に変化していっているように〔わたくしには〕みえる。象徴的に謂えば、〝（文句なく）貸しなさい〟から〝貸していただけますか〟という風に。それから〝御礼にお香をつけます〟とか、親しげ度を加上する方にむかっているのである。

そして四年後、弘仁四年（八一三）十一月二十三日付で有名な「叡山の澄法師、理趣釈経を求むるに答えする書」（『性霊集』巻十）が書かれ、『理趣釈経』貸借について拒否し、これから二人は疎遠になっていった、という筋書きが〝有名〟となった。密教の極致は面授によらなければ誤解を招く説示が少なくないから、特にこの本はそういう部分が多いのだから、〝借用を断った〟というのである。

しかし近年先学者から疑義が寄せられ、「澄法師」とは最澄の弟子の円澄のことでは、と最澄との貸借事案は再考され、確かにこの時点ではとりあえずまだ二人の貸借関係は続いていた。この文面を読むと、断る理由に「理趣の道、釈経の文」の真意を懇切に説明していて『理趣釈経』という固有本を断るとはなっていない。二人の交流も弘仁七年（八一六）の初めころまでは続いていたのも確かである。

しかしこの弘仁七年あたりから疎遠が目立つのも確か、以後二人は全く連絡をなくしていった。煩瑣な貸借関係の持続からこの疎遠になってしまった理由はなんであったかを考えてみることは、あらためて空海の密教の奥義を知るためにも興味あることであろう。

死刑廃止

大同四年（八〇九）退位した平城上皇は平城京に移って、これに藤原薬子とその兄仲成がのりかかり、あたかも二朝並立の様相を呈するごとく、世の中騒然となった。翌五年（弘仁元年）六月嵯峨天皇は上皇の設置した観察使を廃止、これが上皇を刺激して九月六日上皇はみやこを平城京に遷す詔勅を明了に発したので、天皇は一度はそれに従うそぶりを示しながらも、十日遷都拒否を明了にして、まだ平安京に留まっていた藤原仲成を捕縛、薬子の冠位剝奪、十一日上皇は武力行使をと薬子と東国へ向ったが、天皇は坂上田村麻呂（奥羽遠征に有名な武将）を派遣してそれを防止、十二日には上皇は奈良に戻って剃髪、薬子は服毒自殺で一連の事件が収束した。

これは従来「薬子の変」といわれ、それは藤原薬子が主役を占めたとみられていたからだが、近年は平城上皇の役割をより多くみとめるようになっている。なお十一日の夜、兄仲成が処刑されているが、これから以後保元元年（一一五六）〝保元の乱〟の源為義処刑まで公式処刑は無かった（死刑廃止正式発布は弘仁九年＝八一八）と一応言われている。この騒乱の収束が以後の平安の時世を生んだのかもしれない。これを空海という存在の精神的影響力の業とみる見方もある。

そんな時代の弘仁二年（八一一）空海は乙訓寺（今の長岡京市）の別当に任ぜられている。これはかつて桓武天皇が長岡京造営をまかせた藤原種継が暗殺された事件で（延暦四年＝七八五年九月のこと）、容疑をかけられた早良《さわら》親王が幽閉されたのがこの寺だった。早良親王は流罪の途中死亡、無罪であったかもしれぬということになって、この怨霊という恐怖の平癒に対する期待が空海に任されたとみえる。まさに嵯峨天皇の空海を頼る裁断であった。空海の法力に期待する意思強固、ということである。

高雄灌頂

この寺で、弘仁三年（八一二）十月空海と最澄は生涯たった一度の直接対面をしている。実はこの年の十一～十二月に高雄山寺にて「灌頂」が予定されていた。最澄もこれを受ける算段（八月十九日に空海の案内があった）はあって来訪したのであるが、この会ったとき〝習礼（予備修法）〟があったかどうか、ともかくも二人は法談をしたという。

さてこの十一月十五日金剛界灌頂受法、これは専門用語で謂うと初歩的な〝結縁灌頂〟か、一歩入った〝学法灌頂〟であったか、ともかくこの日の受講者を記録した「灌頂暦名」（『高雄灌頂記』）に最澄の名がみえている。十二月十四日には胎蔵灌頂が執行された。受講者名簿にはここにも最澄の名はあって、両部を受けたのは分かったけれど、最澄がその重みをどこまで思っていたかは、いささかならず不明である。何故なら、同月十八日には不空訳『金剛薩埵五秘密念誦儀軌』ほか六部の経・疏類の借用を願いでている。灌頂受法はひとつの階梯の到達点であるはずなのに、いまだに何を借りよう（写し取ろう）としているのか、と空海が想ったかどうかはわからないが、少なくとも時代の仏教―密教体系に対する考えが全く違う、と空海が想い出したであろうことは、容易に想像できる。

大体に金剛界灌頂が終わったあと最澄はその第一の弟子の泰範に、高雄山寺には食糧が無いから米を調達下され、と願っている。胎蔵灌頂まで約一カ月間があることを想定していなかったのか、さらにある朝廷有力者にはこの灌頂に使う資具も援助願いたい、と。灌頂を受けるなら、その資具を自らあらかじめ揃えておくのは初歩の初歩、空海が恵果から受けたあの年（八〇五年）二月から六月までの忙しさは大変なものであったろうが、空海はあらかじめ想定していたこと、その覚悟あってこそ灌頂受法の資格有りである。

振り返るに、既述したが、最澄はかの入唐の折、越州の龍興寺で順曉阿闍梨から灌頂を受けている。それを帰朝してさっそく実施しているので、わが朝における最初の灌頂は最澄、といえるが、これは金胎未分のようなものであったので、空海の受けてきた正統伝授には及ぶべくもなかった。最澄自身そのことをよく理解していたから、空海のを受けたということである。

この泰範、高雄灌頂の直前、弘仁三年（八一二）五月八日付で最澄が遺言し叡山の次期別当に指名したひとだが、同六月二十九日なぜか自ら山を下りてしまった。そしてその十二月空海の胎蔵灌頂を受けているが、そのまま此処高雄山寺に留まってしまう。実は翌四年（八一三）六月十九日付高雄山寺に居る泰範に対する最澄の手紙が残っている。摩訶止観関係の本を返していただきたい、というのだが、つまりこのときまだ泰範は高雄山寺に居たまま、ということである。

そして弘仁七年（八一六）五月一日、有名な最澄の泰範に（比叡山）帰山を促す書状が出される。そこで最澄は、ひとみなより価値あると想ったものを執るのは道理だが、ならば「法華一乗と真言一乗と、なんぞ優劣あらんや！」と、両方同等の価値あるから叡山に帰って法華一乗を、と説いて翻意を促す。

これに対して同九日、泰範は応える。その御言葉、自分は無知蒙昧ではあるが、「法(身)・応(化身)の仏には差無きことを得ず(落差大いにあり)。〜権と実とは隔て有り」と想うに至り、いまは「真言の醍醐に耽執して」自己研鑽に徹したいと存ずる、「利他の事は悉く大師(最澄)に譲りたてまつる〜(私の)身は山林に避《さ》るとも(師の)丹誠は何ぞ忘れむ」と、最澄には失礼にならないように懇切に、しかしきっぱりと断っている。この状、『性霊集』巻十に採録されているのだが、これは空海が代筆したとみられているのである。泰範がいかに空海に身をまかせてしまっていたか、察するにあまりある書状である。

決別

この弘仁七年あたりから、二人の間は明らかに遠く離れていった。それはかの『理趣釈経』の貸し借りからとは言えないまでも、手紙の相手が弟子円澄であったとしても、それは師最澄の代弁者と同等の意味があったろうから、二人の仏教に対する想うところが決定的に相違することがこの頃はっきり判明してきて、決別はこの状況が根本的原因になったと言えそうである。

加えてみれば、弘仁四年(八一三)九月一日付で既に最澄は『依憑天台集』一巻をあらわしていた。ここで、すべての仏教典籍はみな天台一乗に含められる、と主張し、その文面中

「耳を貴みて目を卑しむは漢人の嗟《なげ》くところ」と謂い、弘仁七年につけられた序文中には明瞭に「新来の真言家、筆授の相承に泯ず」と、これらは明らかに空海の面授重視を意識している発言と心得る。さきに述べたように、かの『理趣釈経』筆授拒否が円澄宛としても、その示す意味は同様のところにあると言えよう。

空海が面授を強調するのは密教の持つ本質をついているからである。即ちまさしく密教は法身（仏そのもの）の説くところとなっているから、これはもはや法を受けた本人（法身）から伝えられる以外にない、というのが理論上の帰着点であろう。曼荼羅など画かれたものによることもあるが、それはまさに補助的なもので、書かれた文典も同様、これを書写することに精出せばいい、と考えているならば、これは根本的に至るところが違う。そして密教典籍には、文典のみでみては確かに誤解も招きかねない誦述のあるのも確かである。とくに『理趣経』はそうであった。したがってその新義を伝えるべく面授は必須であるから、それを認識、許容できなければ、これはもはやそれぞれの道を歩む以外にはない、ということであったろうと考えるものである。

6　高野山へ、そして万濃池

修法の功力

弘仁元年（八一〇）十月二十七日付の「国家の奉為《おんた》めに修法せんと請うの表」がある。この日付は、あの薬子にまつわる一連の騒擾が終息した直後である。このなかで言うに、自分の請来した経法のうちに「仁王経・守護国界主経・仏母明王経等の念誦法門」があって、これらは国王の為に七難を砕き滅し、日々の調和、護国、護家、自他を安んずる、これらの意を仏が説いた「秘妙の典」で、わたくしは恵果阿闍梨から授けられたのだが、これまで「練行」したことが無いので、いまこそなにとぞ修法させていただきたい、と願い出た書状である。〃(修法)為したことがない〃と云っているのは、これを修法するはいまこそいい時期だ、ということを強調する弁であって、明らかに直前の騒擾(薬子の乱)を思いえがいているからといえる。

更に加言して、この世のすべては「仁王の天地」と嵯峨天皇に統括された世界でこういう機会を与えていただいたことを深謝し、なにげなく、この修法の間は邪魔されたくない、と付け加えているのだが、これはそのあいだにも天皇からの下問などあるに、直ちには返事できないことがあることをあらかじめ断っているようにもみえる。嵯峨天皇の空海に対する親交度(あるいは期待感)からみて、何らかの天皇の用件によって下問は大いにありうるからである。以上からこの申請は、ついでに修法してみたい、などという個人的なものでは決してない、と心すべきである。空海からもまさに国家の安泰を願った必須の申請であった。

既述したが、修法とは、一定の〃次第〃によって一心に仏に祈念する——手に印相を結び、口にそれに対応する真言を唱え、心にその瞑想の状態を念想する——こと。〃次第〃は師から直接伝授された、密の密たる由縁である。その十全なる執行は、ひとびとのこころを絶大な安寧心で満たしたのである。

翌弘仁二年（八一一）に、前述のように空海は乙訓寺の別当に下命（十月二十七日官符）されている。これはこの修法の「法力の成就」（願い表の中の詞）を証した結果のひとつで、かの〝怨霊〟の社会現象に対する修法の社会的功力を示している。したがって言えることは、修法の社会性はその執行が天下に表明される必要があった、ということで、その意味で願い状は提出されなければならなかったのである。

なおこの乙訓寺移籍（この言葉が適切かは不明）に伴うように、嵯峨天皇側からの請来品に対する依頼項目が急激に増加しているが、空海はそれに能く応えている。その注文目録からみるとき、その多くが唐代の真跡、書跡とかで仏教に関わる書ではないが、それがかえって空海が唐に居たときの目配りした文化の範囲が如何に幅広かったかをよく物語っている。空海の入唐は、まさに時代の文化人たるを認識してのこと、といえよう。

高雄灌頂で、最澄の弟子等――泰範・円澄・光定等――も受けていることは前述の通り、終れば最澄、弟子等は叡山に帰ったが、泰範ひとりは残ったこともしかり。最澄について言えば、そのころ法華一乗の止観行を完成すべく、一心不乱に、わき目も振らず猪突猛進した。それがたびたびの空海に対する借用申請となったのだろう、それが聊《いささ》か度を越してしまった、越し過ぎた。

最澄側のこのころの手紙に（正月十八日付）、お借りした御書を写し終った後にはそちら（空海のもと）にお邪魔して「聴聞」するつもり、御書を盗むような「奸心〜慢心」からではない、「越三昧耶」は起しません、という意の文面がある。写させてもらうばかりのありさまに気をつかっていることが知られるのだが、「越三昧耶」という、師の直接面授なくして法を振りまいてしまう行為（厳に慎むべきとは密典の処々に説かれている）を認識はしていることも知られる。しかしまだ、相変わらずの借用願は続いていた。筆者のような凡庸なものには、このひと、大丈夫かな、と想ってしまう。

最澄は『叡山大師伝』によれば、弘仁四年（八一四）正月十四日には天皇の命によるが、宮中での法論の座についている。これはかつて大同元年（八〇六）一月上奏して、天台業の年分度者を許されていたからの義務でもあったろう。これが天台宗の開宗年とみられている。

その相手にあるは南都、ことに法相《ほっそう》学師たち、これから最澄は論争の世界にひたっていく。少しあとのことだが、会津に居た徳一との「三一権実論争」は有名である。

そんな論争の場についていてしまう最澄を、空海はどうみていたか。書き写しては伝えるという段階にとどまっていては、こういう〝論争〟という階梯から抜き出ることはできない、法身仏が説いた法力を得る世界観に至るまでいつまでかかるのか。それはまた「面授」からしか伝わらないものである。それに最澄は気づいていないのか、と空海は想ったかどうか不明だが、結局弘仁七年（八一六）初頭ころから二人の間隔が明白になっていったことも、既述のとおりである。

よわいなかばを祝う

『性霊集』巻三に「中壽感興の詩　併びに序」というのがある。「中壽」はお釈迦さま生身八十年壽の半ば四十歳、という理解が古来示されているのだが、うまい説明と心得る。文章中にも「不惑」とある。当時の平均寿命を推量しても、ごく常識的な年齢であったろうと想えて、空海は「覚日」の「常」なるに比して、われら蒙昧の年寿の儚さ、残念にもあっという間に過ぎてしまう凡夫の無念さを吐露している。〃無念〃といっても、空海はわれら凡夫の増上慢を戒める意味で〃吐露〃しているので、長く生きられない悔しさを謂おうとしているのではない。

それで、この時代「俗家には之（中壽）を賀して酒会す」とのこと、世間では四十歳まで生きられたことを祝って酒宴など催す、というのだが、自分は出家者、それは良しとしないから、「文殊讃仏法身礼の四十行の頌」の四十行を百二十句にして四角と円形に書いて、注釈書を撰述しようと想う、という。文殊云々とは不空訳『大聖文殊師利菩薩讃仏法身礼』という経典、このお経は五言四句で四十行に書かれているのを、経中にダブる句を外すと百二十句になる、それを四角と円形になるように画くのは、古疏に「密教の字輪観」にならったもの、と注されている。〝四角とか円とか〟とは、右にも左にも縦にも横にも連続して読める（観ずることが出来る）ように文字を切れ目なく四角と円に羅列して画くことで、「三昧の法仏は本よりわが心に具す、二諦の真俗は倶にこれ常住、禽獣卉木《きもく》は皆これ法音」と知ること、安寧という悟りの境涯は遠い彼方にあるのではなく、自らの心の研きように有る、したがって真実も世俗も同格、この世界に響く鳥のさえずり、小枝のふれあい、これらはみな仏の説法、と感ずべきである。ここに空海の〝思想〟が如実に表れている。

ところでこの文は、弘仁四年（八一三）の秋から冬にかけての頃、と認定されている文書で、これから空海の生年を逆算すれば宝亀五年（七七四）、これが当時の公私に認められていた年次として記録されたもの、したがって現代になっても文化としての年表はこれで正しいとすべきである。

なお最澄の手紙で現存唯一の真筆と謂われる『久隔帖《きゅうかくちょう》』（弘仁四年十一月五日付）というのがある。それは高雄山寺に居る泰範に、その「百二十礼仏」の方円図・義釈本を見せてくれるように空海に頼んでもらいたいという依頼文で、空海に直接ではなく、泰範を経るように出しているところに、泰範の去就とか、空海への気遣いなど、微妙な時期のありようを垣間見せているようにみえる。

仏法は日本国隅々に

最澄が諸宗学徒との論擾に明け暮れし出したころ、空海は「下野の広智禅師宛」へ手紙を発している（『高野雑筆集』巻上）。弘仁六年（八一五）三月二十六日付である。弟子康守をやって真言秘蔵の書写を依頼、同様の依頼は同四月五日付の「陸州の徳一宛」にもある。下野は〝しもつけ〟国、現代の栃木県あたり、そのころ当地では官寺の薬師寺が有名である。陸州は陸奥《むつ》国、古代の東山道というういまの会津からの太平洋側一帯、徳一は会津に在することで有名であるが、このひと、こののちの最澄との論争に堪えられるほどに奈良仏教における研鑽が深く、空海も「抖擻して京を離れ、錫を振って東に往く」と云うから、依頼するに足る僧であった。こうやって書写は密教流布に大いに役立つという認識は、空海もしていた。

こういう書写功徳の依頼状を、後世まとめて「勧縁ノ疏」といい、何通も残っている。東国ばかりでなく、西国にも勧進書を出している。相手は密教には初歩のひとたち（僧に限られなかった）で、決定的に最澄の書写取得とは違う。最澄は既に灌頂を受けた僧なのである。そこに最澄の認識の甘さ（決定的な隔壁）を空海はみた、そんなふうにみえる。かくて空海は二人のあいだを明白に分けていく。空海はこのころ『弁顕密二教論』を著作している。ずばり顕教と密教とは隔絶する旨を説いた本である。

なお同じころ（空海より少々後か）最澄もみずから東国に出向いている。しかし結果的には論争の種を蒔きに行ったがごとくで、徳一が『仏性抄』を著して論端を開くと、最澄はこの地で『照権実鏡《しょうごんじつきょう》』を書いて反駁し、比叡山に帰してからも、『守護国界章』『法華秀句』

などの主著となる書物を残し、弘仁十三年（八二二）六月四日遷化、のちは弟子が応対したが、これらの論争の結論は客観的には未決というほかない。空海の密教から云えば、法華一乗といい条、顕教にして方便（手段にして究極ではない）論にかわりはなかった。徳一の主張も空海に同じ、ただし徳一は法相を深密（究極の教え）とした、これが空海とは違う。

高野山を拓く

空海は弘仁七年（八一六）六月十九日高野山下賜願を提出、七月八日許可下り、翌八年（八一七）弟子の実恵を使わして山の開創に向けて始動させた。このときかの泰範も同行させている。これで泰範は確実に空海のもとに居ることになったということだ。弘仁十年三月十日付の「下野太守ノ紀百継」宛手紙に「去《いん》じ弘仁九年をもって閑寂のために紀州南岳に就く」という。つまり九年（八一八）には空海自身高野山に登山《とうざん》した。続いて「十年春」に、さるいただきものが「高雄（山）寺より転送」とある。

宛名不詳の同年十二月の手紙に「去月十六日この峯に来り住す」とあるから、十一月十六日には登頂していることになる。それで前述の翌十年春三月十日は、山には滞在していた。

そこで『性霊集補闕鈔』巻九に「高野建立の初めの結界（について）の啓白文」がある。ここは天皇陛下に賜った地、「金剛乗秘密教によって両部の大曼荼羅を建立」せんとねがい、「七里の中の一切の悪鬼神等はみなわが結界を出で去れ」と白《もう》す。その滞嶺中、山を開く結界に修法を為したときの文で、次の「高野山に壇場を建立して結界する啓白文」では「七日七夜作法して結界し、懺悔礼拝す」とある。最初に〝場所〟としての山を、そしてそこに建立するお堂の作壇について〝結界〟する。結界とは、一定の領域を〝領域〟として確定する、という認識の完成、をいう。要するに、ここが仏法の領域、と宣言する如し。

これらの一連の作法を、登嶺して直ちに執行したのか、十年の春になってからか、必ずしも定かではないが、これで高野山の開創行動が始まったことを内外に闡明《せんめい》したことは確かである。「紀伊国伊都郡高野寺の鐘の知識の文」というのもある。これは鐘楼堂の建立に寄進を勧請している文で、弟子たちはこれを持って有力諸人のもとを回ったにちがいない。その文中「金剛峰寺は堂舎幽寂にして尊容は堂に満ち、禅客は房に溢れども鴻鐘未だ造らず」と云うから、もうかなり堂宇揃った時点で願ったことが知られる。「道人清乏にして志あって力無し」とは誠実な言である。

前出した「筑前の王太守宛」の手紙には弘仁十年（八一九）五月十七日付の日付で、その文面に「閑静を貪らんがために、暫くこの南峯に移り住す」といっているから、これからみれば、この五月十七日にはまだ高野山に居たことになる。さきにみた〝三月〟からこの〝五月〟の間に一度下山、とは考えられない。

なおこの空海が高野の地を探し当てた様子について、さきにちょっと話に出しておいたが、古来有名な伝説があって、それは『今昔物語』に記録されることになった。大師が唐を出国するとき投げた三鈷を探していたところ、大小二匹の犬を連れた大柄の骨筋がっちりした狩人が現れ、その犬に導かれて紀伊の川の畔でやすんでいるとひとりの山人に会う。その山人の指し示すところが高野であった、というハナシである。その山人は丹生明神、狩人は高野明神、というのだ。いま高野山北西に「丹生都比売《にうつひめ》神社」が鎮座する。この信仰を、水神とする説と朱砂即水銀信仰とする説と両様あって、どちらにしても空海が、かの青年時代に山野を跋渉して修行したという逸話のもとになった、諸国行脚の探訪結果であろうと想われてならない。

社会活動

同年（八一九）七月に空海は嵯峨天皇勅命で、「中務省《なかつかさしょう》に住す」という。〃住す〃というから、この七月には下山していた、ということか。突然社会に出動、という感じであったかもしれない。しかし空海は、この頃からはっきりと自らの社会的存在をしっかり意識していた、と想われる。その後の活動がそれを証明している。

中務省は朝廷政府部内でも最重要と目される省で、長官には高位の親王が就くほどのところ、ここに〃住せよ〃とはどういうことか。天皇の近習ということで警備の役なら着剣も義務、とは空海の場合絶対にないから、表向きは天皇勅文の代筆などが考えられるが、ふと世間を見渡すと、弘仁七〜八年頃信濃に飢饉発生という記録、凶作は天候に左右される現象であるから日本国中にも同じ危険度はあったにちがいなく、更に弘仁九年には下総などの地方に地震あって、政府は特使を遣わせている。これでは世上大いに動揺していた状況と言わねばならず、こういう社会の総不安を安寧せしめる祈禱が期待された、と考えるのが妥当と心得る。

弘仁十一年（八二〇）五月『文筆眼心抄』一巻を完成させた。これはひと言で謂えば文学理論書、六朝～唐代の詩文とそれぞれを空海が論ずる、という体のもので、唐代詩文そのものではない。それが載っけられて、空海が詳説するのが『文鏡秘府論』、全六巻である。元々嵯峨天皇からの依頼によるもので、弘仁九年に提出されている。

この本があってそれを要略本にして、ということで『文筆眼心抄』が成った。これが「中務省に住す」とした成果のひとつとはいえるかもしれないが、これが目的とは想えない。これだけなら空海が何処に居ても著作の勅命を出せば済むことで、「住む」必要はない。やはり期待されたことの本質が何かは、明瞭であろう。天皇のみもとで修法を、ということである。

万濃池という最高度技術

さきにみた天災の件、讃岐国では、弘仁八年（八一七）早魃あって翌九年は大雨洪水、これで古代からの万濃池の仕切り堤防が流失してしまった。この国（土地）は、山があって突然平地となり、川は海に直ちに灌いでしまう（水の留まる間が無い）という地形から、旱魃の危険に常に直面していた。同十年（八一九）にはまた大旱魃におそわれる。水の確保はこの国の死活問題で、水を貯めておかねばならないという万濃池はこの地方最大の溜め池であった。現代地形では金倉川という流れの、讃岐山地から平野にかかるとば口を仕切って水を貯めたもの、〝池〟というがいまで言えばダムに近い。古代人も同じことを考えたのか、古くからこの地に池はあった。大宝年間（七〇一〜七〇四）がその端緒と伝えられる。しかしその溜まり水は山に近いところにあるから溜まる水量ははしたではなく、これを支えられるだけの強力仕切り堤防が、古代人にはなかなか造れなかったのである。たびたび決壊し、それで九年にも破られてしまった。

そして弘仁十二年（八二一）五月二十七日付で、空海に修造別当の太政官符が下されている。讃岐国司からの要請という。実は前年朝廷政府の判断で築池使が発せられていたが、これが思うように工事進まず、あらためて土地に人望篤き人材の要請となって、（地元出身で社会的名望のある）空海が名指しされた、というわけだ。実は工事遅延課題のひとつは人手不足であったというのだ。工事（技術・労働）人確保に人望の名を借りる、政府としてもいまでも納得できる手法である。

そして空海ははやばやと八月の中頃にはみやこに戻っている。七月中に竣工した？　三カ月で完成、何とも早い。これを空海の神がかりのひとつに挙げるのを常とするが、九年に決壊したままではひとびとが生きていけないから、すぐに修復事業が始められていて、その仕上げの段階に空海が登場して為しあげた、という指摘も大筋間違いはないかもしれぬ。しかしその仕上げの作業に、工夫の数々が投下されていたろうことも想像に難くなく、空海のもとで完成したのも事実である。ここに空海が唐で知った新技術のさまざまなわざが工夫されていたことは十分考えられる。仏教でいう五明の学、その中の工巧明、建築土木工学である。これまで喧伝されている唐文明の新技術投入に間違いはないと確信する。

溜めた水の出口となる仕切り堤防をどう造るか、谷之口の最狭隘部（堤防の長さを短くできる）を探してそこに堤防を造るのもひとつの知恵であるが、むしろ堤防をさらに少し内側にむけて川の上流部に造る、より少ない水圧を、と考慮した結果だ。その水圧に耐えられるように堤防の形を内側に厚く作る、結果的に現代のアーチ式に類することになる。

洪水のとき溢れる余分の水を逃すように、岩盤を削って〝余水吐き〟をつくる。強度の水圧がかかるからこれに耐えられる岩盤を穿《うが》つに、このとき大工道具の手斧のような道具を使ったと伝えられ、「お手斧岩《ちょういわ》」という史跡になった。

池の護岸設備には木杭を打ち込み、それに竹とか水に強い木の皮などを巻きつけ護岸工法とした。池とはいえ、護岸に意を配したのである。池といい条、穴を掘って水を貯める、には大きすぎる池であった、万濃池は。

これら技術上の工法いちいちは既に当時でも行われていたものもあったかもしれないが、

これらを集約的に適用するようにした統率性、ここに〝空海〟という信頼性の優位がみてとれる。

それにこの期日をみるとき、五月はいまで言えば梅雨の終った頃、増えていた水量は平静に戻るだろう、七月はこれから台風季節になる前、季節に入ればいつ豪雨があるかわからない、そのあいだに水量の締め切り作業を為したとみると、まことに適切な時期であったというべきだ。近代の試算で、工事中流していた水の仮通路を閉じ、想定最大水量を保つべき最後の土手を築く作業、これは二カ月あれば順当だったろう、と。

それに決定的に考えなければならないのは、その経費である。この時代、国家事業とはいえその多くを事実上地元有力者の尽力によらねばならない（実は近代までこういうことはよくあった。現代でさえ公共費にも〝地元負担〟がある）。この寄金に空海は決定的役割を果たしたのでは、と想われる。技術人、使用資材・土砂、工事人その他、どれだけ（いくら）あればいいのか〔計り知れない〕、空海より以前におくられていた築池使が行き詰ったのは、おそらくこの点ではなかったか。総工費いったいいくらかかったか。予算が足りないからといって朝廷政府が贈ってきてくれるというものではなかった。その最後の押しを現場で空海が為し、ものの見事に完成させた。

そして忘れてはいけないことは、空海の仏法（密教）がもつ〝えにいわれぬ〟霊力、これの醸し出す効果は計り知れぬものがあった。空海は工事の進む間、その傍らで片時も休むことなく護摩を焚いていた、と伝えられる。公式文書によれば、この空海讃岐国入りには、沙弥ひとり童子四人が付属された、と。しかもその費用は公費をつかえ、とまで記されている。これだけいれば護摩は連続して焚いていられる。それで、工事に集まってきた農民がこの火をみて、頑張らないはずがないであろう、どれだけ功徳がいただけるか計り知れない。それは噂をよび、さらに多くの農民が集まる、この時代、何よりもまず人手、これなくしては工事は進まない、そんな景色が目に見えるようである。この火こそ空海という信望の象徴である。象徴といえば、この万濃池の完成したすがたそのものが、この国の未来の象徴でもあったと言えよう。水田耕作に、それに従事する農民らの生きがいに、どれだけ力強い指針となったことか。

完成したとき、朝廷政府は空海に銭二万貫を下賜している。工事費の一助にという意味があったのかもしれないが、空海はこれをもってこの地の守護神を祀る神野神社と、できた池に祈りをささげる神野寺を建立する元手とし、それらの維持にのちに必ず仕護者を遣わすことを約して、みやこに帰った。

なおこれから三十年後、再び決壊が記録されている。しかし三十年といえばそのころでは、ひとひとりの一生になろう。一生が水に苦労することなく農業に励むことが出来た民衆にとって、これほど幸せなことは無かったであろう。言うまでもなく再び復興に着手されている。そして十二世紀後半、ついに一時放棄される。

十七世紀前半復興され、たびたびの改修の後、昭和三十四年大改修成って満濃池、いまに滔々として至る。

7　東寺、そして密教確立

大曼荼羅

空海は、この（弘仁十二年＝八二一）万濃池修築事業に出発する一カ月以上前に、両部曼荼羅の作成を決心し、同四月三日より起首していた。かの唐青竜寺からもたらしたものは灌頂のたびに掛けたり敷いたりするので、「絹破れ彩落ち、尊容〔変〕化しなんとす」、このまま放置すれば後学のものが灌頂を受けられなくなる、と。「奉図」というから請来曼荼羅を画き写したのだろう。これを「現図曼荼羅」といっている。

これが八月いっぱいで完成し、九月七日供養会を催した。これに願文があって「四恩の奉《おん》為《ため》に二部の大曼荼羅を造する願文」という。ここで「四恩（父母・国王・衆生・三宝）」が出てくるのは、かの出家の際、儒教の教えに反するととどめられた際に、仏法に精進することでより大きな報謝をする、と宣言した（応えた）ことは既に述べたが、このことの実践表明ともいえるものである。空海の密教についての社会効用認識、ともいえよう。

同日の願文に「故ノ藤中納言のために十七尊の像を造り奉る願文」がある。藤中納言とは藤原葛野麿、入唐の際の大使だ。故というのは弘仁九年十一月十日亡くなっていた。そのとき形見に「紫綾の文服」をいただいたので、その「綾服を地とし、金銀を絣《かすり》として十七尊の曼荼羅一鋪《ふ》三幅を図し奉」る、と。前述の大曼荼羅も、画き写したものは全部で諸菩薩・ご真影等二十六鋪になった。これらをすべて、あの万濃池修築から還った八月以降、すぐに点検に入ったということになる。

真言宗の付法

空海はこれらを画師・技術者に依頼してから万濃池へ行ったのだが、還って点検、を考えると、この時期ずいぶん多忙を極めた（気忙しかった）ことであろう。実は更に他に、同年九月六日という日付けの文書がある。それを『真言付法伝』という。第一祖大日如来から、第七祖恵果阿闍梨までの順次伝歴を述べる書である。これを通例「略付法伝」といっている。なお〝略〟だから他に「広付法伝」というのがある。正式名を『秘密曼荼羅教付法伝』という。違いは、「略」本だから全体が要略になっているようだが、実はかえって善無畏三蔵と一行禅師の略歴が加わる。それと「大日如来」について、「広」本は『金剛頂経』に説く如し、と略すのだが、「略」本はかえって説明している。

この「略」本の成立は、直前に造作した大曼荼羅図写のなかに祖師たちの真影の書写もあったから、あらためて解説しておく、という気持であったろうと思う。「略」成立の時点では「広」は既に成っていた、とみられる。なおこの頃までには、いまに空海の主要著作といわれる『即身成仏義』『声字実相義』『吽字義』も著作成立していたと考えられている。

密教の東大寺

現代《いま》に世界遺産となっている奈良東大寺は、聖武天皇の発願により創建され、総国分寺と位置付けられて歴史を閲し、現在も華厳宗の大本山として存立する。その第十四代別当（住職）として空海が列座されている。その補任《ぶにん》（任命）は弘仁元年ごろとみられているが、これを信じない説もある。しかし『東大寺要録』では少なくともそう記されている。この本は十二世紀初頭に成立したもので、これはいちじ密教化した東大寺を、東大寺自身が容認していたという意味になる。

そして弘仁十三年（八二二）二月十一日東大寺に「灌頂道場」の建立という官符が下されている。空海は別当補任の後「真言院」を建立、そこに灌頂道場を正式に設置した、ということだろう。かの新しい曼荼羅類が威力を発揮したということだ。存命の平城上皇がこの頃灌頂を受けたという伝があり、ここ東大寺（朝廷に近い）でということであったろうか。この灌頂については、「平城（太上）天皇灌頂文」が残されている。そしてのちに触れるであろうが、ここに空海の基本的思想の概略が述べられている点が重要で、記憶しておかなければならない。

同時にその第三皇子高丘元親王が受けて弟子〝真如〟と名乗っている。このひと、嵯峨天皇のとき皇太子に立てられたが、薬子の変で連座させられ廃位した経緯があった。こののち入唐し、さらに貞観七年（八六五）天竺へと広州を発ったが、羅越国で消息を絶つ、と十六年後日本に伝えられる。虎に襲われたという情報もあった。現代マレーシアの日本人墓地の一角にその供養塔が建っているのも数奇な運命といえよう。羅越国が現代の何処かは不明だ。虎がいる処といえば、いまの東南アジア全域（インドネシアまで）が入ってしまう。

みやこの拠点

八世紀末遷都に伴うように、桓武朝廷政府によって平安京を護るための東寺（右京）・西寺（左京）の建立が発議された。そして伝えられるところにより、弘仁十四年（八二三）正月（十九日とか）、東寺が空海に下賜された。ここから空海真言宗にとって東寺が高雄山寺にかわってみやこでの活動の中心となった。確かにちょっとみれば、高雄山寺は京都内とはいえ、みやこ宮中から如何にも遠い。

このところ、前年（八二二）六月四日には最澄がみまかり、その一週間後、最澄がかねてから願い出ていた「大乗戒壇」設立願が許可されて、これで正式に比叡山の独立が認められることになった。但し従来の戒壇、奈良東大寺・筑紫観世音寺・下野薬師寺は、正式戒壇として活きているから、それによって成り立つ奈良諸大寺との軋轢は残ったままということになってしまった。

空海の東寺入りは、この比叡山天台宗独立認可とあたかも呼応するごとくである。同年（八二三）十月十日には真言宗僧五十人を住せしめるよう太政官符が下され、「鎮護国家」（『東宝記』）が要請された。同日に『真言宗所学経律論目録』が提出され、真言宗徒の学ぶべき典籍が確定した。

これに先立つ同（八二三）四月二十四日「天長皇帝の即位を賀し奉るの表」が進《たてま》つられた。天長皇帝とは淳和天皇、このひと嵯峨天皇の弟で、席を譲りうけて淳和となって（十七日即位）、前記各勅令を出したのはこの淳和天皇である。空海は天長元年（八二四）三月十七日小僧都に任ぜられ、九月二十七日高雄山寺が「神護国祚真言寺」に改められ、定額寺となって十四人の僧を許される。民間寺院では、小僧都は稀有なことであった。

天長二年（八二五）二月二十四日「亡弟子智泉のための達嚫《だっしん》文」がある。智泉は空海の甥御さん、第一の弟子になってこのときは高野山建設の主任になって邁進していたころ、矢張り過酷な作業であったのであろう、高野山に殉じたといえる。空海の悲しみはとめどなく、「哀なるかな、哀なるかな、また哀なるかな、悲しいかな、悲しいかな、重ねて悲しいかな」と、いわば臆面もなく悲しみを表現している。人間空海の面目躍如といえよう。なお、達嚫はダクシナーという梵語の音訳語、施物をいう、悲哀の心をつつしみておくる、という意である。

私学教育の濫觴

「綜芸種智院の式　并びに序」というのが『性霊集補闕鈔』巻十にある。「式」は規範とでもいう意で、「綜芸種智院」を置きたい、という宣言である。ここは「三教の院」教育施設ということで、三教は儒教、仏教、道教のこと、仏教ばかりでなくさまざまな教育を施す施設を、ということである。それに合う教師をすべからく用意して、師・受講生ともに糧食給付する、入学者には貴賤をみない、教室は東寺隣に居す藤原朝臣三守の宅を提供していただけることになった、と。

これはまさに理想的な教育機関である。この文は「天長五年（八二八）十二月十五日」付、これが開校日か否かはわからないが、これが世界的にいってもきわめて早期であることにはかわりない。これは、現実化にはかなり困難を伴うという助言もあったので、それについては、天皇諸公を始め諸氏英貴、諸宗大徳、われと志を同じうしていただければ、百世継ぐことができよう、と正直に協力をよび掛けている。

この学校は空海入寂後十年ほどで終ることになってしまったが、言い換えれば、そこまで保つことが出来た原動力には、〝空海〟という名望力が相当の効果をもっていたであろうことが察知できる。それからこの〝終息〟という結果について、もうひとつ考えておきたいことがある。こういう学校という組織の維持上、一年周期で新生徒を受け入れることにすると、それに見合う入学希望者が毎年毎年あるであろうか、ということである。社会はまだそこまでは熟していなかった、という状況を考慮してみる必要があろうということである。

或いは授業料は無料としても、その家族の生活費までみることはできない、或いは向上意欲ある人材の供給が毎年に可能であったとは思われない、これらこもごもの事情が重なって終息したのであろう。一部にささやかれる弟子等の力量不足の所為ではない。

諸教の宗旨は如何に？

天長七年（八三〇）のこと、淳和天皇は当時に主要な諸宗に、その宗旨とする要旨を提出するように下問している。そして以下が提出された。

		空海の定判《じょうはん》
招提寺豊安『戒律伝来記』三巻	律宗	第四～五辺の住心
元興寺護命『大乗法相研神章』五巻	法相宗	第六住心
大安寺玄叡『大乗三論大義鈔』四巻	三論宗	第七住心
比叡山義真『天台法華宗義集』一巻	天台宗	第八住心
東大寺普機『華厳宗一乗開心論』六巻	華厳宗	第九住心

そして空海は『秘密曼荼羅十住心論』十巻を提出した。これら全部で「天長の六本宗書」

といわれている。

右の五書は、それぞれの宗旨とするところを、どれも中国仏教から伝承されてきたそれぞれの宗義の根幹をそのままに書き記している。それはまさしく中国仏教からの伝統宗義ほとんどそのままであったから、正統であることは確かである。だがそれ以上ではない（以下でもないが）。天皇はじめ知性ある貴族の中には、これらを読んでもどこかで聴いたハナシとして、教理内容の理解はともかくとしても大筋は納得できる類いのものであったのではないか。

しかし空海のは、おそらく初めての聴聞モノであったに違いない。それは中国仏教にはない、日本仏教界でもおよそ考えられたことのない独創に溢れた著述であったからだ。ひと言で謂えば、悟りに至る発展段階に十の階層を設定し、そのひとつひとつはかの五本の宗書の各宗にあてはめられた。そのあてはまる宗とは、前述表下部に示したごとくである。そのはての究極には第十住心の密教（真言宗）があるとした。本書は博引傍証で、大部になっているが、この著述後ただちにその引文を精査してはずした『秘蔵宝鑰』が著述された。空海の思想の根幹は両者を併せて完結するといえよう。

因みに一〜三住心は「世間三ヶ住心」と言われるように、第一自然状態、第二儒教心、第三道教心である。儒教はときの指導思想、それが道教心より下とは、この順序の判断基準は何か？　こういうことは法相、三論の順序にもみられる疑問だ。仏教思想史では法相は三論

(空仏教)に次いで発達した思想のはず、三論心に続いて法相心となならずに、逆の法相心、三論心となっている。これ一~三と六、七の順序列を併せてみるに、空海は、どちらがより宗教的向上性を有するか、こういうところに着目したのでは、と考えられる。悟りにより近いのはどちらか、ということではないか。

法相学は、これまでの仏教思想すべてを網羅するごとく、仏教教理のありとあらゆる式目が盛り込まれて余すところがない。であるから後にはどの宗派を学ぼうとも、まずはこの法相学を修めて、ということになった。それがかえって菩提心に目覚めるまで時間がかかってしまうという印象結果になったようである。儒教も現実的すぎる。それはそれで当たり前なのだが、悟りを目指して精神を磨くという世界観を目標にした空海としてはいささか不満、というようなものではなかったか。

この両書には引用文が多いことは確かであるが、実はこの理論の基本はすでにかの「平城(太上)天皇灌頂文」に示されていた。ここには「三昧耶戒序」の文面も組み込まれており、両文いずれもこの十住心思想の先駆を示しているので、空海の十住心という〝根本思想〟は、この著作以前には形成されていた、といえる。博引旁証の引用はその思想の敷衍化に益あるから、ということではないか。

すべて尽くして、御入定

天長九年（八三二）八月二十二日付で「高野山万燈会の願文　一首」が書かれ、この勅許をまって、九月二十四日高野山で初めて万燈会が施行された。万燈会とは最勝の功徳ある法会と位置付けられた公式行事で、その費用は国庫から支出された。このなかの文「虚空尽き、衆生尽き、涅槃尽きなば、我が願いも尽きむ」は有名な句文で、諸行無常・諸法無我・一切皆空・涅槃寂静、の空海的表現といえよう。

空海はまた、この執行は「四恩に答え奉らん」ためという。空海が生涯気にかけてきた出家行の不忠・不孝という批判に今応える、という意気が十分了解できる言質である。

それで、この万燈会執行を機会に空海は高野山に隠棲、というような言い方がされるが、承和元年（八三四）二月には東大寺真言院で『法華経』を講じている。『般若心経秘鍵』も講じたとなっていて、この期《ご》におよんでも講筵をしていた。なおこの『秘鍵』はこのとき成立したという説と既に著述されていたという説とある。その説示には十住心の考えがみえていて、空海の確立した思想の上に講義されたことは確かである。『般若心経』という各宗に広く普及した経典も、密教眼でみると密経となるという典型、と示されたのであろう。受講の東大寺宗徒はおそらく目の覚める思いであったにちがいない。

ところでこういう講義をこなす空海の有りようは、これは隠棲とは言えないのではないか、と想われる。自らは隠棲を、という想いには間違いないが、世間が期待するところはいまだに続いていた、ということであったのだろう。

伝によれば、天長九年（八三二）には高雄山寺を真済に、東寺を実慧に、翌々年（八三四）には高野山金剛峰寺を真然に、付属している。真然は讃岐国出身・空海の甥で、幼児から弟子となったひとである。何か自らの身の振りを配慮しだした、という印象の上での処置にみえる。実は天長八年（八三一）五月に「大僧都空海病に嬰《かか》リて、上表して職を辞する奏状」を提出しているのだが、これは受理されなかった。それでは付属する事実を積み重ねていって、という如くであろうか。

天長十年（八三三）二月二十八日淳和天皇退位し、嵯峨天皇の嫡子をたてて仁明天皇となり、翌年正月には承和となった。嵯峨天皇―淳和天皇の時世は比較的平穏な時間が過ぎている。これは、政治的な安政とともに、精神世界の安寧柔軟性が寄与しているとみられるのだが、当時のその精神界を鳥瞰するとき、空海の存在は忘れることが出来ないと心得る。その精神性は、のちにまた検討してみたい。

そして以下のような文書が出始める。承和元年（八三四）八月二十三日付「勧進して仏塔を造り奉る知識書」は金剛峰寺に毘盧遮那法界体性塔二基と胎蔵金剛界両部曼荼羅を建てたいが資金に援助願いたいという寄付依頼状である。金剛峰寺の内容充実を期しての本格的創建へ向けた必死度を示したというべきか。

本気度といえば、続いて十一月上奏するとして「宮中真言院の正月御修法奏状」という文が残っている。これに対して十二月二十九日許可の太政官符がある。同月のそれに先立つ二十四日には東寺に三綱の設置が許されている。三綱とは上座・寺主・都維那という、寺院管理上に必要な官職名、これが認められることで、寺院としての存在が公式に認可されたことになった。そして翌二年（八三五）正月二十二日には真言宗の年分度者が三人認められたことで、名実ともに「真言宗」として成り立つことになった。これまでは、空海とその弟子等の修団、というような感じであったか、これからの、空海の存在の無くなったのちの真言宗徒弟子等の行く末、これを考慮するのは師として当然であった。時代は大きく変わろうとしていた、ということだった。

その御修法が、翌年（八三五）正月八日から宮中内にて実施された。これを「後七日御修《みし》法《ほ》」という。これは、この八日以後実施されるということで、それまでの七日間では宮中神事が為されていたその「後」だから「後七日」というわけである。

承和二年（八三五）二月三十日、金剛峰寺が定額寺として認められた。定額寺とは、官寺と同格になる、ということである。そして伝によれば、同三月十五日付で弟子たちに「御遺告」がなされた、という。

そして三月二十一日、入滅した。これを後には「入定」という。いまだに奥の院で禅定に入っている、と信ずることである。

後々、延喜二十一年（九二一）十月二十七日、醍醐天皇の時世に「弘法大師」の諡号が贈られた。東寺の長者観賢《かんげん》僧正の奏上による。観賢は真雅僧正に師事したひとで、真雅は空海の直弟子、世上的には空海の弟になるひとで、さすれば観賢は空海の孫弟子となる。

それから今日まで「弘法大師」は信仰されて活きてきた。千二百年以降にまでも語り続けられているのをみるとき、確かに奥の院で禅定に沈潜する空海は、活きている、といえよう。空海は永遠、という思いである。

第二章

真言密教の確立

1　仏教始まる

仏教拡大

仏教は紀元前、インドガンジス河中流域から始まって、それはまもなくしてインド亜大陸に広がって攪拌はとどまることを知らず、更に世界にむけて伝播していった。その先にはいろとりどりの民族が控えていた。そしてその民族それぞれの習俗にあわせるように、変容していく。しかし変容しながら、そのどれもが〝仏教〟の名で伝播する、そういう拡大の仕方をした、そこに仏教の特色のひとつがあると指摘しておかなければならない。

その特色は、経典の拡大、にみることが出来よう。拡大とは「加上」と、かつて言われた。経典とは、釈迦ひとりによって説かれたと信じられて伝播してきたものの、時代が経るとともに、それが明らかに拡大している。拡大とは、ひとことで言えば、説示文の増加の一途ということである。しかしどれも経典、と言われて伝播してきた。その増加を基本にしながら、信仰修団を形成して歴史を閲してきたのが仏教である。

日本にまで到達した仏教は、そういう変容の経緯をすべて受け入れてやってきたといえるものであったが、直接には中国大陸に渡ってきた仏教（北伝と言われる）の大筋を受けたもので、これを基本にして発展した仏教であった。日本がまだ倭国といっていたころ仏教はこの列島に渡来してきたが、七世紀初頭「聖徳太子」の政治判断によって、国家に許容される宗教となった。倭国はこの時代までは列島内だけに通ずる部族集合国家群という状態であったのが、大陸国家（王朝）と肩を並べる国際性を有する〝一国家〟となれたのは、いつにこの仏教の受け入れに因るものであった。

当書の冒頭に、聖徳太子の存在について論じ、この〝倭国〟が〝日本国〟になっていった過度期に、聖徳太子的存在なかりせばいまわれわれが観ているような日本古代史が形成されたか、と問うた。われわれの立場からはその存在をみとめざるを得ないが、認めぬ見解が『日本書紀』の信憑性云々からくることも承知している。しからばこれ無しで古代史が形成されるか、みてみたいものである。偶然発見されたもの・文献を羅列するだけでは歴史とは認めがたい。それは時間の無作為な羅列にすぎず、いつの世も、時間がなし崩し的に進んだ、などと記して済ますのでは、〝歴史〟ではないと心得るものである。

空海の事績をみていくとき、それなりに資料は現存する。古代人にしては資料の多く残っている、と言えよう。しかしそのことに甘えて、その羅列にすぎないような記述に、時折お目にかかることがある。あるいは安易に、そのひとつに真偽問題を軽く云々するごとき論述に出っくわすことがある。

資料への甘えは、なし崩し歴史という禍根を造る、と考えるので、極力排除していきたいと切に念じているわれわれである。聖徳太子問題を想うのも、これが念願にあるからだ。伝統資料を軽々しく論じて、不用意な結論に嵌ってはいないか、その資料が残されてきたことの意味を問う、そこからひとのあゆみゆく実像の歴史が立ち現われると信じている。

仏教融和

さて、仏教が倭国に移入してきたとき、倭国諸方の国々（村々）にはそれぞれのカミが存在し、列島全部をながむればカミガミの在所だらけでもあった。仏教流入当初この〝在従カミ〟との折り合いが課題になったことは確かで、さらには政治的問題になったことも事実であった。蘇我対物部《もののべ》の争いのひとつは、この仏教許容か否か、であったということはよく知られている。

しかしながら時間をゆっくりと経て結局一定の安定関係をつくり、後々平安期には日本の神と仏教の仏と、親族関係のような〝理論〟が構築されることになったほどである。神仏習合思想である。

その折合い課題のひとつが、祖先崇拝との折合いであった。そして折合いはつ、い、た。その成功には、日本人側の民族的融和性格があったとともに、仏教側にも、自己主張の強要性が希薄乃至《ないし》同化志向を優先する歴史経過をたどってきた、ということがある。この両者が相まって、この祖先崇拝との折合いもかなり容易になされてきた、というように思われる。

祖先崇拝

仏教の基本要綱として、人生すべて「生老病死」という認識とこの解決哲学ともいうべき「空・無我」という自覚がある。この理解は天竺《インド》以来その経過した諸民族の性向にあわせるように偏光が加えられてきたが、倭国に至った仏教はこの困難な〝悟り構造〟を完成した〝ほとけ〟の偉大性が持つ〝えに言われぬ力〟に帰依するという信仰となった。ここから始まって、ひとの生死にかかわってそのこころを癒す解決を「ものの哀れ」という情念に委ねるという信仰に及ぶことになった。聖徳太子の言葉で言えば、「天寿国繍帳」にある「世間虚仮」である。これは太子の死後、奥女《きさき》の橘大郎女《たちばなのおおいらつめ》が太子から聞いていたとして繍帳に縫い込めたものと伝えられた言葉である。『上宮聖徳法王帝説』に記録されている。

身近でひとの生死に遭ってもっとも悲しむのは、なんといってもまず一族のひとびととなる。ここにその一族をさかのぼった〝祖先〟という意識がこころに強調されてくると、ことのほかその重みを知ることになる。その〝死〟という別れに臨んで、こころの動揺からその慰み・癒しを経て、平静心を回復することとともに亡きひとの安穏な死後を約束してくれることを、かの〝えに言われぬ力〟に頼る心情は、ごく自然であった。

この心情は、既に仏教の倭国流入以前から、おそらく日本人の情操となっていたのではないかとさえ想われる。すなわち次のごとくではなかったか。採集時代から農耕時代に及んで、かれらいちにんの生存の基本は〝一族〟であった。この条件だけなら世界中の人間集団みな同じかもしれないが、倭国は島国、周囲の及ぶ範囲がきわめてかっきりと限られる。この条件の中では〝一族〟の及べる範囲も適宜に狭く限られること必定、いちにんがある一族に所属することは生存の基本の基となるから〝一族〟の重要性は限りないものになる、こんなふうに展開したとみられるが、どうであろうか。ただし日本従来のカミの概念には、未来（死後）の観念が薄い。この時代の代表的説話集の『霊異記』は原則〝現報〟、この世で報いを受けることになっている。ここに仏教が入ってきた。仏教には死後の未来に〝すくい〟があったのである。

仏教はひとびとの欲望に饗応するように、日本人の期待に添うような変容をその信仰様式に加えていったといえようか。ことに政治変容の行き着いた平安京時代に、それは明瞭におもてにみえてきた。空海の『性霊集』にあらわれる「法事を修する願文」に象徴的にみえるものである。親族の霊を弔う、この個人に対する「魂の癒し」に仏教が応ずるように変容したのである。

したがってこの〝変容〟という側面から「仏教」を語ると、どのように謂えるか。仏教の本来は、と言えるけれども、本来の仏教は、とは言えない。

長いときとところの変遷の結果変容して、と、その変容の仏教も「仏教」と認める世界観で展開した仏教全史では、〝本来〟を問うことが如何にも無理、とは、何方も了解できるであろう。

世界に展開している仏教を語るとき、語るのが可能なのは、どこそこの仏教は、とか、何時代の仏教は、という、この両面を重ね合わせて語ることで可能となる。「仏教」はそういう宗教であると理解すべきである。

2 飛鳥から奈良、平安へ

仏教伝来

古来日本の文化は漢字によって語られている。漢字にはふつう呉音読みと漢音読みがある。そして古代に、仏教は呉音読み、漢学は漢音読み、というふうにきめられた、という。仏教用語が呉音でと言われたのは、倭国仏教が〝呉の国〟の読み風に従ったからであるが、呉国は三世紀（三国時代）の中国大陸南方を支配した王朝の名、それが何故日本仏教の基礎になったか。

日本仏教は、公式的には百済国から伝来した。百済は四〜六世紀の朝鮮半島の南半分の西側を支配した王朝、この百済国の仏教が中国東晋国から伝来したものであったのだ。東晋は四世紀初め嘗て呉国の支配地域に建った王朝、呉とはちがうが建康（建業、いまの南京）を中心にした王朝にかわりはなかった。

六世紀中葉、倭国に伝来した仏教に関わる最初の政治問題が、蘇我対物部の崇仏係争であった。これには、蘇我氏が仏教流入を、物部氏は排仏を、と主張したと言われているが、蘇我氏は当時の倭国朝廷の財務外交を、物部氏が軍事内政を担当するような地位にいたから必然的にそうなったので、海外に通ずる蘇我氏は中国大陸がどう動きだしていたかに明るかったと想われ、国内諸地域を統括しなければならない物部氏は国内（村々）の神々を尊重する必要があった、ということであったろう。教理問題ではないことは直ちにわかる。どちらかというと、この主導権争い、これからの倭国が外交にうって出るか、出るなら出る以上に内政重視でまとめていくか、この主導権争いの様相を呈していた。

　そしてはしなくもこの頃のカミ観念と仏教信仰がどのようなものであったかが、この争いから透けて見えてくる。どちらもひとびとが期待したこころは、そこにあるであろう霊力、というようなものへの保護祈願感情、とでも言えようか、そのこころは、わたくしたちを、わが一族を、護ってください。しかも仏教側にもそれを受けてやんごとない性格もそろっていた。神々への祈りがこのホトケにも代替え期待できるようなものでさえあったのだ。加えてこのとき仏教側には他を排斥する志向性が極めて薄い、ことさらカミを遠ざけようという心理がうまれにくい信仰構造であった。仏教の基本が〝出世間〟という認識だからである。カミはまさに世間だ。争いの印象がうすいのは、そんなところと推察する。日本国に信仰上の対立が先鋭にはならない、妥協的心理が容易に生まれる社会構造が出来つつあった。

　六世紀後半蘇我氏の勝利によって仏教移入問題は一定の決着がつき、七世紀初頭「憲法十七条」第二条に仏教が明記されて、飛鳥地域には仏教寺院が続々と建てられていった。なお第一条は儒教綱目である。聖徳太子以降、日本知識社会は指導思想として儒教を採用するよう決心したということである。

　かくて聖徳太子の著作として有名な「三経義疏」(※注)といわれる書物が現出し、現在に伝承されている。これは日本仏教世界に登場した最初の仏教教理学書である。

この注釈書の注釈方法は、中国仏教に醸成された教学世界以来の伝統に沿うものであるが、わが国仏教思想界にとって最初にそれを実践した疏であることによって、わが国の仏教修学世界において、以後の同類著作本の模範ともなってきた。必ず仏典に典故を求めて、その引用を忘れない。

空海も、みずからの著作をものするときには、この方法論に則って著述していった。そして空海はさらに一歩を踏み出した。中国（天竺も含めて）仏教では語られなかった密教世界の構造を、みずからの思想として披瀝してみせたのである。

これまでわが国の仏教学僧は中国仏教に学び、自己研鑽を積んで、書物をものするときは、〝その学んだ結果を如何に忠実に継承できるか〟に意を灌《そそ》いだ。それに対して空海は、密教仏典をえらび読み、そこに開陳された密教世界を再構築してみせた、といえる。その再構築、それこそ空海の独創であった。

花咲く仏教文化

日本美術史を紐解くとき、七世紀後半から八世紀初頭の五〜六十年間だけ「白鳳文化」と別出される。この期間はことのほか仏教文化に秀でることになった。まさに飛鳥の時代の大陸文化直輸入という形態から進展して、のちの奈良における天平文化の進捗した日本化とまではいかないけれど、かといって中途半端ではない豊饒性を有する、そんな数十年であった。この期間は後々の日本文化にみごとに有益な助走路となったと考えられる。

そしてこの助走路から本線路に入る。それまで十六年間みやこであった藤原京から、少々北上して奈良の地に遷都されたのは和銅三年（七一〇）であった。この地に一大仏教都が完成した。その象徴が「南都七大寺」とよばれる諸大寺である。

東大寺——三論宗　興福寺——成実宗　元興寺——法相宗
大安寺——倶舎宗　薬師寺——華厳宗　西大寺——律宗
唐招提寺（或いは法隆寺）

ここで重要なのは法相宗である。法相宗はインドで展開した大乗仏教が発達した末のひとつの結論的教義、ともいえるもので、「唯識思想」ともいう。この世界は唯だこの〝識〟のみにより発想されると考えた思想、である。

人間（存在）の心の在り方は、八種の認識作用による。八種とは、ひとの感覚器官として眼・耳・鼻・舌・身・意。この六番目の「意識」をよく考えてみると、起きているときは働いている〝意識〟でも眠ると休む、しかし睡眠時でも〝夢をみる〟ことはあるので、眠っていてもまだ何か働いている部分があるということで、これを第七番目の〝マナ識〟と仮によぶ。しかし夢もみないときもあるが、でも翌朝起きれば夕べの私として今朝も連続して生きている、その眠って夢もみないけどそれでも持続している第八番目の意識、これを「アラヤ識」となづける。

そしてじっくりと世間を見定めるに、結局すべての認識はこの第八番目の識・アラヤ識によって支えられている。そこに落ちている縄を、恐怖という心があるとき蛇と見誤る、それは縄を眼識では縄とみながらそうはみないで、奥の意識すなわち第八識にたまった恐怖の心が蛇にみてしまうからで、心の底にたまる欲望のあるところ、この第八識が外界を勝手に判断するというのが世間の実情ではないか、と考えた。修行するとは、このアラヤ識を磨くことにほかならない、と説いた。これは近代になって「深層心理」学と注目されたが、敢えて言うとこのアラヤ識はもっと深い分析に入っていたと言える。

ともなる困難

この宗論義は精緻を極めたので、修行階梯にも複雑にして困難を伴う理論が展開されることとなった。この理論は仏教教理について詳細を極めたので、ときの仏教界なべて仏教の勉強は何かほかのどの宗を専攻するにも、まずこの法相学を学ばなければならないとなってしまったのである。そして加えて、悟り（成仏）に至る理論にも難しい段階を経なければならないことになって、悟りに至るには三劫かかるとなってしまった。三劫と言うは、いわば三回生まれ変わらなければ悟れない（成仏できない）、ということになったのである。

更にひとつ困難がくわわった。悟りに至れる可能性に段階が設けられてしまったのである。有情（ひとびと）には五つの性質がある、と。菩薩・縁覚・声聞・不定・無性、この無性有情がその悟りは不可能もあるということになったのである。これらの理論は、あまりにも壮大なるがゆえに、学ぶ価値もあるけれども、その壮大さゆえに達成困難の絶望感もいなめなかったのである。

奈良仏教のゆくところ、極めて難しい局面に至ってしまった、という心象である。それにさらにもうひとつの社会的制約が加わった。

この時代、聖武天皇の時世に東大寺が創建完成し、鎮護国家仏教がひとつの頂点をむかえた、といえる。それは「律令国家」の完成でもあり、仏教教団がその国家制度に組み込まれる体制が整ったということでもあったのである。その傾向は中国仏教世界から既に変容をうけていたものではあったが、出家に制約がかけられたということでもある。それにしてもインド世界における出家集団のありかたから千数百年、〝出家〟のかたちが著しく変容してしまっていたことは間違いなかった。

仏教革新

空海が学んだ時代の、文化の基本的体制は儒教であった。仏教は奈良仏教、奈良仏教とはさきのごとく法相学を頂点とする律令体制に組み込まれた仏教教団であった。空海は儒教を根本とする大学に入り学びながら、そこを退出し、野に下ることになる。その大学で如何なる勉学を積んでいたか聊《いささ》か不明ではあるが、のちの著作類に披瀝された学問の全体像を展望するとき、その漢文化内外の書物についての学習は並みのものではなかったろうことが察知できるのである。先に指摘しておいたが、ただ原野を跋渉して、という自然状態だけではなかった、ということだ。

そしてここに空海が新しい仏教のすがたとして世に問うた課題の要点は、その時代の奈良仏教が包含する基本的骨格に対してであった。そこには、重い、重すぎる問題点がみえていた。空海の目指した仏教の究極をもって、克服しなければならない喫緊の課題であった。それこそ、次の問いである。

成仏（悟り）に三劫もかかる、のでいいのであろうか？
ひとによって成仏に可能・不可能があっていいのであろうか？
真実の仏教はいずこにありや？

3 三教分別から二教峻別へ

出発に先立って

空海の処女作『三教指帰』の三教とは、儒教・道教・仏教であった。既述しているように空海は国家機関の大学に入学する。この教育指針の主要思潮は儒教、そしてそこから野に下ってしまうのであるが、空海が儒教を学んだことも事実であった。

その儒教を、彼は一心不乱に学んだにちがいない。そののちの著作中にみる漢学の論述のいかにも広範なことからみて、そのことは容易に指摘することが出来る。でも当時の社会を考えてみるに、これを学べる人間は、この時代の極く限られたひとびとであったのが実情であった。空海はおそらくそこにも不満があったのではと推察できる。のちのち自らなんでもだれでも学べる私学校をつくろうとしていたからである。

ふたつ目の道教は、当時の現実社会に満ちみちていた。わが国の年中生活の多くに大陸から伝わった習俗が受け継がれていたからである。そしてその願いの究極としては、長生・不死を願う、ことと謂えた。これは男も女も、貴族も庶民も、何びともねがうところであるが、しかし現実はこれを達成したひとに会ったことがない。その道筋がわからないのだ。そこに空海は不満をもっていた。

三つ目の仏教に至って、三千大千世界の隅々まで解き明かされた、という思いであったろう。六道（地獄・餓鬼・畜生・修羅・人・天）から三界（欲界・色界・無色界）、過去・現在・未来の三世に渡って、ひとびとのこころの隅々まで明かされるものであった。このうえはその船に乗り、悟りに向う航路に漕ぎ出す以外にない。こう決心したと思われる。

この三教に対するそれぞれの分析は、この時代にあってまことに見事なものであった。これほどまでの分析をした人物は、これまで思想界にはいなかったのである。言い換えれば、空海の勉学がときの学問世界の諸分野について、ほとんど過不足なかったということになる。それはこの文章内に披瀝されている先学の知識に対する目配りの広さに示されている。空海は仏教を選択した。

しかしこの選択で世間から問われた重大課題がある。それは儒教を捨てることは忠と孝とに反することになるがそれについて、どう決着するか、ということであった。この問題は出家者の根本的宿命でもあって、どう応えるかによって、今後の仏教者のあるべき新しい生き方を示すことにもなる。これまでの仏教者というのは、ほとんど律令制の役人と大差ないような存在で、これでは真の出家者とは言えない、という空海の状況認識から、この課題について世間が納得のいくような説明でひとびとを理解させなければならない。

その答案はなにか。それはいつに、あらたなる仏教実践をもってより大きな忠を、孝を、果たす、これに尽きる、というものであった。これは行動で示さねばならない。以後空海の生涯の活動は、ここ一点に絞られるように展開していった。

著述作法

空海は多くの著作をのこしている。

その著述ということについて、主張論文の論述方法をみるに、それまでの時代文化の蓄積に十分にのっていることが知られる。それは先行典籍の十全なる引用、これはかの聖徳太子が三教義疏を為した方法論に叶うものでもある。引用の仏教文献ばかりでなく漢学全般にわたる引用について、おそらく奈良仏教世界に席をおいた際に学んだものにちがいない、大変な智量の集積をみることが出来る。

そして見落としてはいけない視点が、空海の「選択」についてである。このことについては、これまでに既に述べている。しかし、これから話をすすめるについては、再説しなければ続かないので、くどいようだが書きしるす。

思想の選択をする、ということは、それまでの倭国日本の思想界にはほとんどなかった、めっきり新しい方策であった。かつこの〝選択するということ〟はおそらく空海の思索人生すべてを通じて、終生の必須事でもあった。そしてこれ（三教）が空海の最初の選択となったのである。

日本の仏教史を通じても、これが最初の〝選択〟となった。鎌倉仏教が初めてではない。空海にとって仏教は、そこにあるから、ではなくて、みずから積極的に選びとった人生行路であったのだ。

したがって、次に選択しなくてはならないことがある。仏教（経典）の中の、何？　ということである。仏教はひとつであるはず、であるが、事実は中国仏教化世界で多方の分野に分けられて修学されるような宗教となっていた。経典で言えば、おびただしくある経典のうちのどれに重点を置いて、あなたは修するか、その経典を選ぶ「教相判釈」である。
したがって教相判釈は、それを為した仏者の仏教世界そのものであった。

最初にして結論?!

空海の教学上の著作として最初期のものと目されているのは『弁顕密二教論』である。文字通り顕密を峻別する論書である。顕密とは顕教と密教と。

顕教とは方便として説かれた教説、法を受けようとする凡夫《われわれ》の能力に沿ってそれに合わせた説教を為す、これこれこうすれば悟ることが可能、という説き方をする経典を顕教という。そうするとこの〝可能〟の及ぶ領域の果ては悟りにまで至らねばならないはずだが、事実上それが難しい衆生もあることになって、この悟りの〝方法ばかり〟を学ぶというのは、修行の限界があることになってしまっているのが実情であった。成仏に不可能があってはならない、悉皆成仏であるべきだと空海は考える。

密教とはズバリ悟りそのものを説く経典による教えである。顕教では仏のすがたには応化身と法身とがあると説く。法身は理想の悟りをすがたに仮託したもので、すがたかたちが無いから、どの経典も、何ほどかの応化身としてあらわれた教説となっていると顕教では説示された。ところがその法身の直接説教するという経典が空海によって指摘されて、それは法身が説くから、その説示内容は悟りそのもの（内証智）のはずであろうとなる。この教説に従うなら悟りが速いはずだ。これ等の経典は「金剛智」とか「不空阿闍梨」が到来して初めて伝えられた。これからはその教説にしたがうべきである、というのである。その法身の名が「大日如来」である。

密教は「速疾解脱・頓悟涅槃」するために「陀羅尼蔵」を説く、こういう経典こそこれから頼るべき最勝の経典である、と結論付けたのである。これこそ空海がかの奈良仏教に満足できなかった、あるべき仏教の真骨張であった。即身成仏であるべきだ、三劫成仏ではない。

この著作は、空海があの高野山下賜願いを提出した前後（弘仁七年＝八一六以前）には仕上げていた、と推定されている。すなわちこの顕密峻別思想の根幹は、この頃（あるいはそれ以前）にはすでに形成されていた、ということである。この密教選択宣言書は空海にとって最初の教学著作であるが、これからの空海の生涯思想（教理）ともなって貫くことになったとみると、考えてみればこれが結論、とも言い得るものかもしれない。

空海は、まず世間を捨てて〝出家する〟という選択をして、次にこの顕密峻別による〝密教選択〟となった。これによって「選択」が空海の生涯の命題でもあった、ということが知られる。

4　即身成仏の構造

三劫成仏から即身成仏へ

悟り――成仏に限りがあってはならない、この現身に成仏が約束されていなければ意味がない、三劫成仏ではない即身成仏でなければならない、以上の命題が、空海仏教の根本である。その根幹を説く著作が『即身成仏儀《そくしんじょうぶつぎ》』である。弘仁から天長にかわる頃（八二三～八二四頃）の著述と考えられている。

この書によって、即身成仏可能の教証を示した。それが有名な「二経一論八箇の證文」と言われる典拠である。仏教論書では、自己の主張には、仏陀の経典、それに準じた仏弟子高僧の理論書に典拠を示すことが必須で、換言すれば、何びとも仏者たる者、経典であるかぎりその教説に権威を認めることが大前提となる。経典は仏陀の教説、これは変らぬ認識であった。近代になって批判的研究と言って、経典に対する時間的落差（成立の前後）を考慮する考察が流行っているが、これは近代人の想いに過ぎない。われわれは古代哲人のこころに素直に耳を攲《そば》だて、そこにある文化的価値を想念すべきである。

さて、八カ所の説示文をもって即身成仏の証拠を示すのに、二つの経典とひとつの論疏を引用している。「二経」とは『金剛頂経』と『大日経』、「一論」とは龍猛菩薩の『菩提心論』、八カ所とは『金剛頂経』に四カ所、『大日経』に二カ所、『菩提心論』から二カ所、計八カ所である。

『金剛頂経』からという引用は、事実上複数の金剛頂系密典からの引用であることが知られる。即ち不空訳『金剛頂一字頂輪王瑜伽一切時処念誦成就仏儀軌』一巻（大正新脩大蔵経十九巻にある）、金剛智訳『金剛頂瑜伽修習毘盧遮那三摩地法』一巻（同十八巻）、不空訳『成就妙法蓮華経王瑜伽観智儀軌』一巻（同十九）である。

『大日経』は善無畏・一行訳『大毘盧遮那成仏神変加持経』七巻、『菩提心論』とは不空訳『金剛頂瑜伽中発阿耨多羅三藐三菩提心論』一巻で、これは龍猛菩薩造となっている。この龍猛菩薩はいわゆる大乗仏教の確立者龍樹菩薩、と目される仏者、したがって近代では何ほどか問題にするむきがあるが、文化としての龍猛菩薩と認識しておきたい。

法身が法を説く

さて密教経典はなんと説くか？

その引用のひとつに「この三昧を修する者は現に仏菩提を証す」と。この〝三昧〟とは「大日尊一字頂輪王の三摩地」、すなわち大日如来という法身の禅定に入っている状態をいう、という。〝仏菩提〟は悟りの状態である。これまでの顕教では、前述したように、法身はすがたかたちも無い、理念として考えられている極限の状態を〝身〟のあるように設定したものを法の身、としたので、これが法を説くとはとても考えられなかった。それをここに、法身が説く、と説示している経典を明示して、これに頼ってこそ究極、としたのが空海であった。

また密教経典は云う「もし衆生あってこの教に遇うて昼夜四時に精進して修すれば、現世に歓喜地を証得」したことになるというのである。つまり密教の経典（『大日経』『金剛頂経』）に大日如来の行為として説示している所業を修すれば、すなわちその説示通りにそっくり同行実施すれば、いいかえればその行為（その密教経典に説示された作法）を間違いなく行なえば、それは大日如来と同等になった、という心境に到達したことになる、というのである。

究極の世界をみる

その即身成仏の根本は「六大無碍にして常に瑜伽なり」だからである、と。六大とは地・水・火・風・空の五つに「識」を含めて六つの無限なるもの＝大である。空までの五大というのは、顕教の中でもいわれていた概念で、仏教でこの世界すべてのものをまとめていうときの言葉であったのに加えて、空海は「識」を含めて六大とした。「大」は極大、この識は現存する〝己〟たるすべて、これをも「大」と規定して、それらはすべて、いわば宇宙空間のすべてが「無碍《むげ》」、限りなく障《さわ》りのない状態である、と規定した。しかも時間軸からみても無限に「瑜伽」、静寂なる瞑想の秘境に到達している（瑜伽）と知るべきである、と。

そういう大日如来の瑜伽状態を説くのが『大日経』『金剛頂経』であると説いた。その経典には仏菩薩のいちいちのすがたが説かれている。それらは「四種曼荼各不離」と。すなわちそこには仏菩薩のすがた（大曼荼羅）、その仏菩薩に付属するひとつひとつの幡とか持ちモノ、同じく身にまとうモノ（三昧耶曼荼羅）、それに加えてその仏菩薩をあらわす梵字（法曼荼羅）、唱える真言、そのはたらきの心象（羯磨曼荼羅）、これらの四種類の曼荼羅はひとつとして別建てのものはない。皆ワンセットである。

そして「三密加地すれば速疾に顕わる」と。その仏菩薩のひとつひとつがもつすがたを想念し（心密）、手に印相を結び（身密）、口に真言を唱える（語密）、これらをそれぞれ単独ではなく同時にいったいとして行為するならば（三密加持）、即身（極くすみやかに）に成仏したすがたとなることが出来るのである、と。

結論として「重重帝網なるを即身と名づく」と。「仏身即ち衆生身、衆生身即ちこれ仏身なりと観想する。不同にして同、不異にして異なり」。顕教では、仏身はあくまでも仏身、仏の境界にまで至る方策を一所懸命説くが、仏の中身は説くことあたわず、としているのを、完全発想転換したのが空海であった。衆生身とは我々凡夫のすがたそのもの、それが仏身（ホトケのすがた）と重なり合っている（重重帝網）となる、というのである。

「六大無碍」から「重重帝網」までを〝即身成仏偈〟という。

響きあれば文字あり

顕教では、仏の究極の到達点、真如のすがたは最終的にあらわすことはできない、としていた。それを空海は、「如来の説法は必ず文字による」と、経典として残されている文字の意義を最大に認めることによって証明したのである。経典を修学するとしては経典の説示にしたがうことは極めて常識的であるとともに、故《ゆえ》に文字が如何に大切かを力強く主張するものでもある。

以上を主張する著作が『声字実相義《しょうじじっそうぎ》』である。著述としては『即身成仏義』の次に位置づけられているのだが、その意識としては、この文字というものに対する確信有ってこそ即身成仏という教説に確信も持てる、となるはずだから、その著述前後はほとんど微妙な差しかなかったであろう。

そこで「名教の興《おこ》りは声字にあらざれば成ぜず」という。名教は教え、その〝声〟というものは「風気わずかに〔でも〕発すれば必ず響く、これを声と名づく」。そして「声を発して虚しからず（無駄なものはないのであって）、必ず物の名を表わすを字と号す」。であるから「〔その〕声の字〔が〕分明にして（になって）実相（真実真如）顕わる」となるのである。

なおこの書には「問答」の段もあると云いながら無い、ので、未完成か、と謂われているのだが、空海の主要思想の趣旨はそこまでにも十分に披瀝されているので不都合はない。空海自身もそういう想いがあったのではないか。

続いて『吽字義《うんじぎ》』という著作がある。たくさんある梵字のなかの「吽字」について、この一字にどれほど深い意味が含まれているかを開陳した書物で、さきの「声の字」がいかに真実を示すものかという主張を、具体例をもって詳説する、と理解できる本で、いわば『声字実相義』とワンセットとして解釈してもいいような著作と心得る。梵字にはたくさんあるけれど、そのなかから「吽字」をとりだしたのは、大日如来と金剛薩埵とを、この吽字ともうひとつ阿字とで相互に表示する梵字であるから梵字中の梵字といえるところで、以下押して知るべしということであろう。このように文字で表わされている密教経典の教説・真言には限りなく深い真理が秘められている、と知るべきと結論する。

以上のような世界観をいだくことで、密教の奥義に最終的に到達することが可能である、と空海はたからかに主張した。

即身成仏思想の完成である。

（※注）
三経義疏

「三経」とは、『勝鬘経』『維摩経』『法華経』の三経である。「義疏《ぎしょ》」とは今風に言うと「子細に解説をつけた」だが、主要記述は経典に科目をつける、もとの経典にはどれも章立てが無いからこれをどのように章節割りして経典の全体像を把握したらいいか、ここに重点のある注釈書である。このやり方は、漢文化（儒教）世界に仏教が入ってから、かれらが異文化の仏教経典を理解しようとした主要な方法のひとつで、倭国の仏教者もそれに忠実に倣っている、といえる。ときの倭国知識人たちにとっても、先進国たる漢文化世界の方策にのろうとしたのは自然の成り行きであったろう。

なお言えば、なぜこの三経か？　ひと言で謂えば、この経典らが当時中国仏教世界で最もよく流布していたということである。それは、敦煌に残されている写経類文書中、この三経が圧倒的に多い、ということから望見できよう。敦煌の写経本の多少は、中原仏教世界の忠実な反映でもあるからである。辺境の地の信仰傾向は、中原仏教界で流行っていた信仰のありさまをよく映し出している。

近代になって、ある学者が中国敦煌から発見された仏教注釈文書のなかに『勝鬘経義疏』の引用するある書に同等とみられる注釈書を発見し、これをもって基本的には「三経義疏」は中国で成立したもの、という説が発表されたことがある。従来から『法華義疏』に梁（五〇二～五五七）の法雲『法華経義記』八巻が「本義」として引用されていることは指摘されていた。わたくし（筆者）も、『維摩義疏』の一部に一致する敦煌注疏を発見している。こういう状況は何を物語っているか？

敦煌の仏教文献は、基本的には中国中原《ちゅうげん》（漢文化圏）地域でなされていた仏教に関わる文献が直ちに当地にもたらされ乃至《ないし》そういう中原に学んだ僧による著書、である。そういう意味で言うと、そういう注疏が倭国にももたらされる可能性は極めて高い、乃至これを注釈しようとした聖徳太子が、大陸文化の文献を漁蒐したことは、日本側の記録にはない遣隋使の形跡もあるから、想像に難くないのである。結果として「三経義疏」は倭国に生れたまとまった最初の注釈書、とみられるということだ。

余談だがおもしろい話をひとつ。三経義疏を聖徳太子撰と認めない説のひとつに、認めないのは『日本書紀』を信じない立場に立つ方だが、太子は〝忙しくて〟こんな三つも義疏を書いている暇はなかった、と。その論者〝忙しい〟と認定したのはその『日本書紀』によったのだ。信じないのはかってだが、都合のいいところだけはちゃっかり利用している。ところで、ここから日本古代における著作制作としての、あるべき一形式が示されたように思われる。確かにその時代の先進大陸王朝に醸成された文化の学びを優先し、これにどれだけそえるか、ここに教養の第一がある、ということである。

第三章

曼荼羅世界の魅力

1　十住心思想

驚きの十住心宣言

天皇の下問によって提出された「天長の六本宗書」のひとつとして、空海は『秘密曼荼羅十住心論』を発表した。衆生の心裡状態を十の階梯に分けて論説したのである。

①異生羝羊心—本能具備—自然状態
②愚童持斎心—倫理道徳—人乗—儒教世界
③嬰童無畏心—向上天上—天乗—道教世界　以上世間三科の住心という
④唯蘊無我心—五蘊実在—声聞乗
⑤抜業因種心—十二因縁—縁覚乗　以上小乗
⑥他縁大乗心—五性各別—法相宗
⑦覚心不生心—不空識境—三論宗
⑧一道無為心—法華一乗—天台宗
⑨極無自性心—事事無碍—華厳宗　以上顕教
⑩秘密荘厳心—法身自内証—真言宗

①異生は、六道輪廻の世界に迷う凡夫をいう。われわれの愚かな現実をいう段階で、それ

が風の向くままのようなこころにある状態を、本能に生きる牡羊（羝羊）にたとえる。

②愚童、凡夫に類するのだが、ここでは善心に目覚める兆候がみえてきて罪福を知り、持斎すなわち自戒するこころが湧いてきた状態。節食に喜び、小欲知足のこころ起り、忠孝のおもいもち湧き出でる段階なので、儒教にあてられる。

③嬰童、まだ幼気な童子のごとくであるが、純真で素直なる故に上天世界を求める初心がわいて、抜苦与楽を祈るようになる。囚われのこころもちからたち離れようと、こころに確信すること無畏のごとし。したがって単純に仙人の世界など夢みてしまうので、道教段階に当てはまる。ここでは苦を免れることはない、とは、まだ認識できていない。

以上が「世間三科の住心」である。世間とは衆生の日常、何びともここが出発点であることにかわりはない。

④仏教の基本である「無我」に目覚めた結果、五蘊のみ存在すると信ずる段階。五蘊は色・受・想・行・識、仏教の分析論である。色はモノ（物質）すべて、受（感受性）から識（認識作用）まではこころのはたらきの道筋、仏教の初歩はここから始まる。であるから声聞道、導かれて悟りに向かうひとである。

⑤ひとの懊悩（生死の苦悩）は自らのおこない（業）によっておこる、という因縁のめぐりに目覚め、無明の種子を断じたところ。因縁は十二縁起、無明・行・識・名色・六処・触・受・愛・取・有・老死、これを前から、後ろから巡り思索して苦を絶つ。この思索するのは自らひとりであるから、己で悟りに向かうひと、縁覚である。

以上は、大乗から云う〝小乗〟の道である。

⑥ひとの空はいうまでもなく法も空に極まるという二空、そして三性（遍計所執性・依他起性・円成実性）を悟ることでみずからの執着を断ち切り、慈・悲・喜・捨のこころと布施・愛語（慈しみの詞）・利行（無私のおこない）・同事（限りない寄添い）のおこないをもって利他に徹す道である。この思惟の根幹に「識のみ」という唯識思想があるので、法相宗にあたることになる。ここでは、五性（菩薩・縁覚・声聞・不定性・無性）に悟りの成不成ありとする。この点が空海の問題意識に抵触するひとつでもあった。空海からみれば克服しなければならない。なお、これは天竺《インド》では世親・無著の思想である。

⑦前第六住心が「唯識」無性に迷い、その「心」とその対象たる「境」とともに空なるに気付かないことを嘆き、これに対して不一不二、権実二智、真俗二諦を証して、空性たるを悟る、この第七住心を上とする。天竺でいえば竜樹の思想で、歴史変遷でいえばこ

ちらが早く登場しているが、空海の悟りの姿勢からは、こういう六↓七の順序という判断になる。

⑧一道は法華一乗、無為は法華三昧で止観を修すること。ここでは会三帰一（三乗の別たるを乗り越えてすべて同一と一乗に帰せしめる）を明かして、久遠実成の本門にみちびく。しかし如何せん『法華経』は、釈迦が四十歳に至るまで機根をまって説示した経典、究竟の仏とはいいがたい、となる。

⑨これは盧舎那仏が成道から二七日に普賢菩薩と談じて説き示された。善財童子が文殊菩薩にしたがって五十三善知識を尋ねて修行し、その最後に至ったのが普賢菩薩であった。一念多劫、一多相入、理事相通ずと悟りきり、したがってこの住心は「前の顕教に望むれば極果、後の秘仏においては初心」という住心である。自自無礙、一行即一切行、この華厳三昧を原因として、第九住心に入り、次の住心に至るをまつ。

⑩これ「究竟じて自心の源底を覚知し、実のごとく自身の数量を覚悟す」る住心である。しかしてその九つの住心が原因となって、その転深転妙して秘密金剛の真にいたる。そのこころの中には、五相成身観、五智、六大体大、四種曼荼羅とその四智印、そして無限のホトケ諸尊、に満ち満ちている。これらによってこの世に秘密荘厳のこころを得ることが出来るのである。

この書を受けとった天皇や朝廷知識貴族ら、それからこの思想を知った仏教界の理論家らの〝驚き〟は、容易に想像が出来る。何故ならこの理論体系は、かれらがこれまで一度も触れることの無かった仏教の全体構造であったからだ。

こういう思索は従来、インド仏教以来の伝統的な用語で言えば「教相判釈」という。そしてこれはどの宗旨の仏教理論にも、大なり小なりあるものである。自らの仏教理論の存在意義を鮮明にするためで、六本宗書のそれぞれにも説かれていたはずである。しかしそれら(空海以外の)は中国仏教に学んだ理論そのままで、わが奈良仏教界で考えたものではなかった。天台における法華一乗は確かに最澄の決意表明ではあったが、法華を最高と位置付ける思想は、かればかりではなかったので、最澄が最初とは言えない。しかも空海からみれば、それも顕教のひとつにすぎなかった。新しいようにみえていても、従来と同じ理論上の変容のひとつにすぎなかったのである。

広大なる精神世界

かれらが驚いたその先には、こういう総合的仏教世界を開陳した空海という仏僧の精神構造の〝広大さ〟があった。これはのちのち「曼荼羅思想」として高く讃えられる思考でもある。その広大なさまをもう少しみてみよう。

この十住心の十の段階というのは、菩提心に至る〝順番〟であろうか。

この第一から第十に至る常識的な〝順序〟として理解する仕方は、まず当初にあるかもしれない。衆生は菩提を目指して、第一段階から登っていって、最高の第十秘密荘厳心にいたる、この第十心が理想、と結論付ける見解である、これはひとびとに向上心をむける第一の理解となることはまちがいない。

しかしそうすると、若し第十住心に至れなければ、もはや成仏はありえないのであろうか。それでは悉皆成仏、即身成仏を掲げた最初のテーゼに違背することになるのではないか。この疑問から、第一〜第十の理解に大いなる回転が為された。

考えてみるに、心境が向上していく、第七から第八に、第八から第九に、そして、第九から第十住心にと、それぞれに向上する可能性があればこそ悉皆成仏といいえる。そういう可能性をみとめなければ即身成仏にはならないことになる。そう考えれば最下位のようにみえる第一住心にも、即身成仏の可能性がみとめられていることにならなければならない。さすれば、実は各住心にも第十住心の即身成仏の一分が含まれている、と考えるべきであろう、となる。

のちに、前者のように順番に向上すると考えるのは「九顕一密思想」といわれ、後者のそれぞれに一分を有すると考えるのを「九顕十密思想」と、両者区別して謂われるようになった。この二つの解釈は『十住心論』『秘蔵宝鑰』両方にそれぞれみとめられるが、どちらかというと、『十住心論』は「九顕十密思想」、『秘蔵宝鑰』は「九顕一密思想」とみられている。どちらにしても、顕教では、悟ろうと希求しながらその内容を説かなくなってしまって、悟りに至る方法だけを説くにいたる。それは悟りの凄さを謂わんとしたのかもしれないが、それこそ自己矛盾の極致に陥った如くで、その方法論にのみ拘った自家撞着状態（三劫成仏・五姓各別成仏）におちいってしまった。ここに一大（絶対的）活性化を為したのが空海であった、といえよう。

微小の小こそ極大の大

空海という個人の思索が大日如来という壮大極地に及ぶとは、ひとつに「曼荼羅」図絵を目の当たりにしての必然ではなかったか、とも思われる。

「曼荼羅絵」は、只なる絵ではない。そこに画かれている「塵沙の心数は自《おのずか》ら覚月に居す」と、かの弘仁十二年（八二一）に曼荼羅絵転写の際の〝願文〟に書いている。「塵沙」とは大日如来の周辺に画かれている仏菩薩のすがたを総称している。それが大日如来の境涯（覚月）に同じ、というのである。この仏菩薩［その他］が数多《あまた》画かれている曼荼羅の読み方を、中心を中心とみるのは当り前であろうが、同時に周囲端も中心と同等とみる精神を知ったとき、その識見は一挙に極大になったと同じである。

そのまなざしをもって、当時の仏教ほか思想界全般の多様のありように向けたとき、どうしても成されなければならなかったのが「十住心」分析ではなかったかと愚考される。したがって「九顕一密」にして即「九顕十密」というべきであろう。

2 地上世界に曼荼羅を

山岳へ

空海は弘仁七年（八一六）高野山に修行道場を建立するよう願って、許された。この瞬間、これまで仏教はみやこのものであったのが、ここで山岳にも正式に営まれることが許された仏教となったと言える。律令下では、その管理外での宗教活動は許されなかった

弘仁八年（八一七）以降その開山にとりかかり、翌九年（八一八）自ら登り、さらに翌十年（八一九）堂宇建立に進んで、そこまで空海は滞山していた如くである。山岳にも霊気を十分に送り込んだ、そんな滞在ではなかったか。

そして下山すると、弘仁十二年（八二一）には万濃池の修築事業に自ら出仕し、翌十三年（八二二）東大寺真言院建立、十四年（八二三）東寺下賜、というふうに活動が続いていくが、これらは仏教乃至《ないし》真言宗にのみ関わるというより、当時の社会の総体にその影響が及ぶ如き活動が続いたといえるものである。

社会的といえば、天長五年（八二八）十二月十五日「綜芸種智院の式　併びに序」を発表した。これは「綜芸種智院」という高等教育の私学校を建設する旨の表明文で、世界的にも私学の先駆を為す試みである。この学校は既に述べたように「三教」即ち儒教・道教・仏

胎蔵曼荼羅（図版提供／仏教美術　天竺　hotoke.net）

教、要するに当代に必要なすべての学問を教育しようと志した学校であった。空海の眼は既に仏教のみをみていたのではない、社会全体を見据えていたうえでの試みだったとみえる。仏教は万民の仏教、教育はひとびとすべての教育、これが空海の究極の願いであった。

以上これらの活動を総括的に表現すれば、これこそ「曼荼羅思想」の具現と言っていいと考えられるものである。

鎮国

空海の行動の根幹にはいつに「鎮国」の想いがあった。かの入京して高雄山寺に入り、「修法」を始める願文を提出するのに、「国家の奉為《おんため》に」と標榜した。そしてそれは「鎮国念誦の道場を建つ」（弘仁元年＝八一〇年十月二十七日付上表）と念願するものでもあった。真言宗の為のみ、というのではないのである。金剛峰寺建立の啓白文（弘仁十年＝八一九年五月三日付）にも「鎮国安民の奉為に、この幽原において除災秘密の道場を建立」とうたう。いわば国家万民の為である。これはかつてあの出家の際に投げかけられた大いなる課題たる、出家は忠孝に違背しないか、という問いに対する決定的応答、といえる。まさにこれ鎮国を祈ることこそ大忠・大孝であった。

承和元年（八三四）十一月に宮中真言院にて御修法を願う奏状に対して、十二月には許可が下りたのだが、これは空海の、曼荼羅をこの世界に、という大願成就の画龍点睛となったと言えるのではないか。空海はそれから半年たたずに入定する。

金剛界曼荼羅（図版提供／仏教美術　天竺　hotoke.net）

3　華麗なるホトケたち

図絵こそ究極

密教は図絵を必要とする。多くのホトケ群を図絵したのが「曼荼羅」である。

真言曼荼羅は「胎蔵現図曼荼羅」と「金剛界九会《くえ》曼荼羅」と、そこに画かれているホトケ（尊像）は、前者で四百余体、後者で千四百余体になると数えられた。その多数の尊像は、「胎蔵現図曼荼羅」でいえば、中心に大日如来が描かれ、そこから四方に中心円状に縁故ある尊像群にまとめられつつ配置され描かれている。しかしここで理解しておかなければならないことは、中心に描かれた尊像が一番重要で周辺にいくにしたがって重要度が減ずる、というのではない、ということである。われわれ衆生凡夫は、縁の出来た尊像がなにであれ、そのひとにとっての護り（最重要）本尊となる、と考えるべきであるということ。画かれている尊像すべては同等の価値を有する、ということである。大日如来の一分を、どの尊像も有する、とみるからである。曼荼羅はそのように礼拝すべきである。

一尊独立

したがって信仰の対象としてまつるときには、その多数の尊像の中の〃一像〃を取り出してまつることが可能であって、むしろこれがのちのち日本人にとって普通の信仰形態となった。たとえば不動尊とか、たとえば観音さまとか、である。

そしてそれは「まえがき」に示したように、色鮮やかに、絢爛の様相にまつりあげられた。曼荼羅に画かれる尊像は、その色彩・手に印相・持ち物・標識・梵字皆きっちりと決められている。それがもとになって一体独立になっても、それを素材にしながら造形されるので、まことに華やかな仏像となるのである。それが平安文化の特徴となった。それは空海の曼荼羅請来が決定的な要因になっていることは確かであった。これが平安文化、弘仁から貞観の文化の基調となった。

日本仏教美術は元来絢爛豪華なものであった。そしていまも輝いている。

第四章

日本文化への道

1　多彩なる伝説

「弘法大師」誕生

空海が「入定《にゅうじょう》」してから八十数年後、延喜二十一年（九二一）十月二十七日醍醐天皇から「弘法大師」諡号が贈られた。ときの東寺長者・観賢《かんげん》の奏請によった。いまも〝大師〟と謂えば弘法大師、大師は弘法のひとり占め（大師号を持つ高僧は数十人いるのに）、という言い習わしがあるほどにこの〝大師号〟は人口に膾炙してきた。庶民は親しく「弘法さん」「お大師さん」とよんで親しみを表現する。

「入定」とは入滅を言い換えたもので、大師はいまだ奥の院で坐禅して禅定に入ったままでおられる、という信仰による言い換えだ。実は「入定」を最初に使用したのは空海自身である。弘仁七年（八一六）六月十九日付の「紀伊国伊都郡高野の峯において入定の処を請け乞うの表」にある。

で、大師が修行した諸国の遍歴にちなんで、のちに四国に形成されたのが八十八ヶ所霊場、これをめぐるとき、「同行二人」と書いたものを体につける。これが、われら凡夫がひとりで歩いていても、大師はともについていてくださると信ずる心情を表現する定型句となった。

この巡礼の習いは、江戸時代には四国ばかりでなく江戸府（今の東京だ）にも八十八ヶ所霊場が設定され、更に世間の平和にともなって全国にひろまった。いうまでもなくこの「同行二人」はどこにでも通用する用句である。この巡礼は現代でも盛んである。

かつて「空海」という映画が、大師にときの著名な俳優（いまも人気の）を配して創られた。そのラスト場面に現代の巡礼者一行が映り、その画面の端にチラッとその俳優が現代服でからむ、というシーンが映された。これは「同行二人」の映像化として印象深いシーンであった。

変幻の大師像

イメージついでにここで、大師の画（造）像についてみておきたい。

これは厳密に分けると実に多数存在するので、その全部にはとても言及しきれない。先学のひとつの成果によるだけでも、三十有余の影像が確認されている。ましてやそれらを造像の原図として援用されて巷に彫像されたものを数えれば、数限りないであろう。

もっとも普段に目にする大師像は、世に「真如様大師《しんにょようだいし》」といわれるものであろう（145頁）。木欄色の袈裟をまとい、半畳の椅子式台座（椅子式牀座）に趺坐して、右手に五鈷杵を、左手に念珠、この念珠はいささかうるさいことを言えば幾つかの形あり、これから語られる影像それぞれに異なる。木欄色とは黄褐色、お像がわずかに右（すなわち拝むわれわれからみると左）を向き、台座の正面に木靴、座の左角（こちらもこちらからは右側）に水瓶をおく。これが「真如様」といわれるのは、高丘親王真如が大師の在位時代に高野山の御堂の為に画いた、と伝えられるからである。

高丘親王は平城天皇の皇子、以前にも記したごとく、その次の嵯峨天皇のときに皇太子として立てられたが、あの薬子の変に巻き込まれて廃太子、のち罪は晴れたが空海の弟子となり、末に唐に渡ったあのひとである。そこから天竺へ向かい、南に下ってついに消息を失ってしまった数奇の方の描いたと称する空海像が、現代まで画き伝えられているのは、あのひととの波乱の生涯を想うとき、感無量のものがある。

もうひとつ、前のとどちらが先かは議論があろうが、「八祖像」の一尊としてえがかれた御影像がある。構図は真如様に類しているが、こちらは台座が高椅子になり、背凭れ肘付きの椅子である。子細に視れば袈裟のしわの寄り方など(前述のように念珠など)も相違するが、一見は似ている。

その「八祖」とは真言宗空海以前の密教七祖師に、空海を加えた八人の祖師を謂う。すなわち金剛智・善無畏・不空・恵果・一行の五祖師、これらの影像図は空海自身が帰朝の折に請来して、いまの東寺に伝わる。これに空海が龍猛・龍智の影像を補って七祖師となり、更にのちに空海自身の影像が加えられて八祖師像となった。よく言う〝伝持の八祖〟である。この構図がいつ成立したかは不明だが、遺品としては醍醐寺五重塔の一階(初重)の壁画に画かれたのが古いとされている。これが成ったのは天暦五年(九五二)、但し今「善無畏像」は欠けている。

しかし八祖像図としては、高椅子に趺坐するのは空海と恵果のみ（ほかの祖師像は低台座）というのがあり、あるいは全部低い台座というのがあるなど、一様ではない絵図乃至《ないし》造像が伝えられていて、これらは転写中に変化していったのだろうとおもわれる。

この真如様の坐像のままで、真正面を向き、手に持つものが左手に五輪塔というのがある。「弥勒大師」とよばれている。右手が五鈷杵はかわらない。蓮台の上に結跏趺坐して、丸い光背が付けられている。その輪っかの繋がりに丸とか三角の形造物が付けられ、そこに光明真言が梵字で刻まれている。「弥勒」というのは、大師は弥勒菩薩がこの地上に降りてくるまで衆生済度の行をやめない、と信じられているのに則って近世にえがき出された、とみられているからである。

弘法大師像（東京・国立博物館蔵）
Image:TNM Image Archives

これと同じく真如様の図柄そのままに正面を向いて、蓮華の台座に丸い光背を背負って坐す大師、「日輪大師」とよぶ像がある。日輪は大日如来、大師は大日如来の現身、という信仰の所作と心得る。のちの八宗論大師につながる信仰であるが、ここではまだ大師像の今世のすがたはかわっていない。すなわち剃髪出家現身のすがたである。

真如様にほとんど変わらないのに、「瞬目大師」とよばれるものがある。メヒキ乃至《ないし》メイキと読み、空海の誕生地・善通寺御影堂にまつられ、五十年に一度の大師御遠忌にのみ御開帳される。空海が渡唐の間際に母の為に御影池の表に映る自らを画いたと伝説される画像である。このように号されるのは、土御門天皇（一一九八～一二一〇）が行幸して拝したときに瞬きをしたというので、天皇がかく大師号を賜ったと言い伝えられるからである。

このように真如様にかわらぬが名つけの違うものとしては「廿日大師」とよばれる木像もあって、高野山の塔頭に祀られる。その背中には微雲管と書かれてあり、この像は、大師入定二十一日の前日自ら刻み書きつけた、微雲管とは墓のこと、と伝えられ、椅子に座らないというだけの違いで名は別出して「廿日大師」とよばれる。

このように同じ構図で名の違うのを、名だけあげれば、「種蒔き大師」「厄除け大師」「舎利ふき大師」「見返り大師」「爪彫り大師」など等、報告されている。

この系統の弘法大師絵としては、このような構図の絵像に改変が加わって、それに木靴だけ（水瓶なし）のもの、座椅子の無いものなど、一様でない変幻が加わって描かれている画像が少なくない。

さて、形状のそっくり違うお像がある。

手甲、脚絆、草履に網代傘、手に錫杖を握って袈裟をなびかせた立像のお大師さまがいる。もう一方の手には念珠乃至鉢を持つ、などのすがたに彫像される。通例「修行大師」といわれている。ただこれ、鋳像ものは現代によくあるが、画かれたものをわたくしはほとんど知らない。御教示乞う、である。遍路の叶わないひとがこの像に祈って遍路の身がわりを願う、という信仰があるという。もし信仰というなら、もしかしたらこれは、空海が若くして修行していたころ、というのではなくて、巡礼を進めるわれわれの傍らに沿うて、いつも寄り添っていてくれるお大師さま、とみるべきなのかもしれない。われわれが「修行」するその傍らのお「大師」さま、〝修行大師〟である。

修行大師像
（福山市・備後國分寺蔵）

旅すがたの影像といえば、草履履き直綴《じきとつ》に五条袈裟の立像に、左手は念珠だが右手には何やら魚の尾っぽを握ってかかげるという図柄の影像がある。「鯖大師」とよばれている。大師が僧形で四国行脚のみぎり阿波から土佐に入る峠あたり（八坂八濱というところ）で魚を運ぶ馬子に遭い、大師が（乗ることを？）所望したが馬子は断った、すると間もなくその馬が腹痛を起し、困った馬子が大師に祈禱を頼み、大師が執行すると元気になった、御礼にその魚を奉納すると大師は加持して海に放つと生き返った、その魚が塩鯖であった、という伝説による。そこの行基庵に祀られているのが発祥と伝えられる。おそらく近世になっての伝えだろうとみられている。

旅すがたの影像もうひとつ。近代になっての創作と思われるが、この錫杖持ちの立像お大師さまが左手に乳飲み子を抱く構図の造像がある。「子安大師」と銘打っているという。編み笠は無く剃髪、画像では天蓋を画くが、いまは鋳造になっている。

「稚児大師」というのがある。もうひとつ「誕生大師」というのもある。これは元来別物だが、混同して参られることが少なくないという。

「誕生大師」は、上半身裸体形に下身には袴様の足先まで隠れる裳を纏い、合掌する。頭髪はいまにも剃り上げられたごとくにえがかれる。このすがたは、聖徳太子二歳像というのがあり、これに似せたものという。それは、空海は聖徳太子の生まれ変わりという伝説によるもので、『聖徳太子伝暦』（九一七年、藤原兼輔撰）に、二歳のおり「平旦に合掌して東に向い南無仏と称え再拝す」とあるによって、鎌倉時代前期頃から聖徳太子誕生像が隆盛となり、これに付属するように大師誕生像も造られ始めたと推定されている。

「稚児大師」は、今ある伝本では、着色絹本に円相をえがいたなかに、蓮華座のうえに端座する、小袖を纏い合掌する肩までかかる有髪の稚児がいる。目鼻立ちは小ぶりではあるが明快に涼やかに画かれ、小袖には濃い目の桃色地に白抜きの花柄が配され、〔筆者の視る〕写真ではわからないが金泥の雲文があるという。蓮台の花弁は緑青で彩られ、これも写真では無理だが葉脈が金色に縁どられている。これは五、六歳の稚児、というのだが、これは空海の遺言と称する『御遺告《ごゆいごう》』に、五、六歳の頃八葉の蓮華の上で仏と対話する夢をみた、とあるから、といわれるが、この『御遺告』の成立時期はいささかならず不明である。この〝五、六歳云々〟は、十二世紀前半成立と目される『今昔物語』巻十一に登場する。それが御宇多法皇（十三世紀後半天皇在位）の作と伝えられる『弘法大師伝』（十四世紀初期）に記録されることで大師伝記に確定した伝承となったとみられることから、稚児大師像の創作はそれ以降かという推定がある。この現存する作例が少なく、確定は難しいのが実情である。

誕生大師像（東京・常泉院蔵）

　以下筆者は実物を実見していないので確たることを謂えないことを了

承されたい。述べる順序も順不同、これまでのとかたちの違いの明瞭に示せるものをあげる。

ほとんど大日如来と見紛うが如き造像がある。これは「八宗論大師」といわれている。「大日如来」は如来でありながら宝冠をかぶり、首飾り、耳飾り、腕輪など装飾をつける。これらを大師がつけている影像である。空海が帰国し密教を確立すると他宗からの議論がにぎやかになり、そこで嵯峨天皇が宮中の清涼殿に八宗の学僧を招き対論の席をもうけた際に、大師は大日如来を示して密教の即身成仏を実証されたという伝説によるもので、高野山の塔頭に秘蔵されている。これは一説には鎌倉初期の作画、といわれる。

正面を向いて結跏趺坐する大師が右手に五鈷杵ではなく剣のごとき長棒を直立させて持つ造像がある。「秘鍵大師」と称する。秘鍵は『般若心経秘鍵』のこと、剣にみえるのは〝鍵〟の意味。これの典型は大覚寺に所蔵されるが、これは嵯峨天皇（八〇九〜八二三）の「大疫の愁」に、天皇は『般若心経』を写経し、大師が『般若心経』を講説した注釈すなわち『般若心経秘鍵』を著し、その御利益で天皇は快癒したという伝説から奉られた像。大覚寺は嵯峨天皇の縁から開創された寺である。この御像の出開帳がしばしばおこなわれる。その御利益にあやかるものである。

先学によって、この鍵ではない宝剣そのものを右手に立てて持ち（左手には密教の法輪をかざして持つ）、盤石に立つ赤色童子のすがた像が報告されている。「因位童形尊像」と銘打たれているが、筆者は未見。これが坐像になり、宝剣を肩に斜めに担ぐ画像もあるという。「坐像童子図様」と報告されるが、これも筆者未見。不動明王のごとし。

高野山霊宝館にいくと、椅子台座上に趺坐する、長髪に髭すがたという珍しい大師像を見ることが出来る。「入定大師」といっている。大師号を願い出た観賢僧正（八五四〜九二五）が内供奉の淳祐（八九〇〜九五三）をともなって醍醐天皇（八九七〜九三〇）から大師号を賜ったことを報告に、奥の院の岩窟御廟にいき扉を開けて大師にまみえる、という場面設定で、御入定から八十数年余経た頃という設定だから、というわけである。こののちには僧正は髪も髭もきれいに剃りあげ、これも醍醐天皇から賜った檜皮色衣を御着替えなさった、という伝説となっている。伝説ついでに、このとき淳祐は〔修行が足りなくて〕大師が見えなかったのを、観賢に右手をお大師さまの膝に導かれたところ、そこにぬくもりを感じ、お香の香りも手について、その香りは生涯消えることなかった。彼は身に不自由あって結跏趺坐が出来ず、代わりに膨大な著作を残し、その香りはそれらの自筆本にいまだに残ると「匂いの聖教」として滋賀大津の石山寺に蔵されている。この寺の中興の祖が淳祐、かれは菅原道真（八四五〜九〇三）の孫である。

先にみた真如様大師像が正面を向いたものを「瑜祇灌頂大師（別名「正面大師」）」と別出するものがある。が、この名で上半身裸形のものもあると報告されている。こうなるとかなり異形にみえる。この影画は灌頂のみぎりに大檀に布く曼荼羅のひとつとして敷く場合があるが、裸形のものが敷かれるかは筆者には不案内である。灌頂はこれまでにも陳《の》べたように密教最極の修法、このとき投華得仏という作法に際し使用するものである、と。

この真如様の大師像が、御顔だけ明瞭に真横を向けた御像がある。高野山三宝院に蔵される。それは「北面大師」といわれ、お大師さまが嵯峨天皇をおもい、御所のある京都方面を向いていると説明されているそうだ。高野山からみればたしかに京都は北方だ。

ところで昔、これが「横向大師」と紹介されていたことがある。その因縁は次のごとくである。ある日の勤行に大師がある一方のみ顔をむけていて、そのまなざしの先には修行中の小僧《しょうそう》がいた、その小僧はいつもの勤行になかなか出仕しなかった。先輩僧がそれを正しに宿舎にいくと、彼はそこで時間を惜しむかのように一所懸命写経している。何故出仕しないのか問うと、自分は貧しい出で高野山で勉強するのも実は大変、でも修行は続けたいのでその資糧を得るため聖教（手本書）の浄写をして工料をいただき貯めるのに勤行の時間も惜しんだ、という。ともかく出仕しなさいということで、小僧は出仕した朝に、お大師さまは彼を見守るようにそちらに顔を向けていた。お大師さまの弟子を想う慈悲のこころを感じて衆僧は納得した、と。加えてこれはまた「万日大師」ともいう、とあるのだ。

ところがいま「万日大師」の因縁が次のように言われているそうである。ある修行者が大師像を一万日拝んで、満願の夜の夢に大師があらわれ、これ真なり、といって東方を向いた。目覚めると大師像が左方に向いていた、というのである。以上の三者の因縁関係、筆者は不分明である。ただ、横を向く大師像は異形のひとつであることにかわりはない。

このように影像の例を挙げればきりも無いようにみえるが、これもまた空海の〝ひろがり〟のひとつの証左といえよう。このような心情は、この世の中の隅々に今も大師はおわしませり、とみる「同行二人」の信仰が生きている証、ともみえる。

前述したように〝同行二人〟は四国遍路の合言葉である。四国遍路の〝遍路〟は、東京、昔の江戸にもあり、さらには日本各地にある。大師信仰の全国行脚、確かに今もそこに居ませる、思いであろうか。

諸国行脚のお大師さま

わが国の各地には、大師が杖を突いたら水がわき出た、とか、この温泉はお大師さんが発見したとか、不思議な伝承が限りなくあってこれらの言い伝えを数えたら数千件あるとした調査さえある。水で言えば〝独鈷水〟とか〝御加持水〟とよばれている、温泉で言えば伊豆の〝修善寺温泉〟などが有名であろう。全国に分布する大師にまつわる伝説・逸話の類いは万を数えるかもしれない。無いはずの北海道にまで、お大師さまゆかりと称するお寺がある。これは、お大師さまはいつでもどこでも行脚の修行を積んで、衆生済度に明け暮れておられる、と信ずる庶民の願望を反映したもので、大師信仰には、日本仏教の特徴である〝宗派云々〟はほとんど関係ない、庶民ひとりひとりの〝日本人の信仰〟となっている。

これらお大師さん信仰の出発はといえば、あの大師号授与、そしてあの入定説話に始まるといえそうで、いまも高野山奥の院の御霊廟では、御給仕を欠かさない。

『今昔物語』巻十一に、あの東寺の観賢長者が霊廟をお開けしたとき、禅定中のお大師さまの「御髪は一尺計《ばかり》生在《おいて》ましければ〜剃刀もて御髪を剃り奉《たてまつり》ける」というハナシが伝えられている。この本の成立は十二世紀前半、このころまでには入定説話が人口に膾炙した話となっていたということだ。これより早い十世紀後半の『金剛峰寺建立修行縁起』という本には、空海和尚七七日忌にもお髭が伸び続けておられたという記事がある。このころ（大師号授与から半世紀以降）信仰説話が始まっていたということだろうか。

入定信仰は江戸時代著しく直截的に理解され、意志のままに坐禅して死に至り、その骨すがたがまた本尊として信仰対象仏となった事例がある。〝即身仏信仰〟といい、いまの新潟県あたりから北の地方一帯にひろがっている。即身仏となったひとは、ほとんど庶民であった。

空海、諸国におもむく

大師伝説が全国に散在するありさまは、空海自身が往ったか、あるいは既知があったか、すなわち空海のまなざしが全国に向いていた一端の事実を物語るものでもあろうかと考えられる。

近代になっていちじ、そんなこと一人《いちにん》で不可能なるをしきりに喧伝する向きがあった。その存在の危うさを印象付けようとするようなものであったのだろうが、いかがなものであろうか。

既に述べたように、空海には新羅・渤海という海外人に宛てた手紙があり、その既知の広さが察知された。手紙と言えば、既述の鎮西のひと、筑前のひと、あるいは下野の広智禅師とか、陸州の徳一、更に加えれば次のようなものもある。高野開創のために紀伊のひとに助力を頼んでいる。あるいは密教経論の書写願いというのを、常州のひと、甲州のひとへ遣っている。常州は常陸（茨城）の国、甲州は甲斐（山梨）、それらのひとは土地の太守とか有力者に違いなく、考えてみれば全く未知のひとに経典書写というような貴重な仕事を頼むはずもなく、以上のどれも空海の既知世界の広さを物語る証左のひとつである、といえる。

以上書き上げた土地に加えて、地元の四国の山河、これだけあげつらねれば、あの古代に謂えばほとんど〝全国〟といえまいか。直接足を運ばなくても、空海のまなざしは〝全国〟を見据えていた、そういってよいであろうと考える。

弘法大師信仰の全国的流布が、「高野聖《ひじり》」と言われるひとびとの諸国行脚によるという説も謂われた。その一面があることは確かであろう。しかしその前に、〝空海大師〟というイメージが流布していなければ、かれらの歩きも有効にはたらかなかったのではないか、とも考えられる。

そのどちらが先か争うわけではないが、そういう素地があってこそ、大師諸国遍歴の信仰説話が全国に遍満していった。伝承されるハナシも、あの水・温泉に関するばかりでなく、鉱脈の発見、うどんの流布、お灸などの治療法、いろは歌・平仮名の発明、その他もろもろ、これらの伝承は近代のわれわれも、捨てるのではなく、そこに語られる空海という人物の持つ歴史的意義に着目して、それらを日本の歴史として理解するべきではなかろうか。わが国は古代にそういう巨大人物を得た、ということである。

2 絢爛たる文化

筆の始まり

〝弘法も筆の誤り〟とか〝弘法筆を選ばず〟とか、筆に関わることわざのあるのは、空海が古代一流の能書家であったことによる。楷書は勿論であるが、そのほか行書・草書・隷書・篆書・飛白など、すべての書体を能くしたという。このことをもって、鎌倉時代の『古今著聞集』巻七に〝五筆和尚〟という、口と左右の手足に筆を持ち同時に王羲之の詩を書いた、という逸話が記されているが、その〝五〟については、かの書体すべてに能筆、という意であろう。なお空海は、筆を十分に吟味していた。

わが国書道史を書いた最初の本とみなされている尊円法親王著『入木抄』（十四世紀前半）には、日本書道の初めを〝空海〟から書き始めている。

大師の筆として真筆と認められているものが現存する。つぎのものである。

『聾瞽指帰』――『三教指帰』の基とみなされている。金剛峰寺蔵、国宝。

『灌頂歴名』――弘仁三〜四年の書紀である。高雄山神護寺蔵、国宝。

『風信帖』――空海が最澄に送った手紙。この書名は、手紙の書き出しが「風信雲書《ふうしんうんしょ》」（＝お手紙という意）とあるによった。東寺蔵、国宝。

『崔子玉座右銘』――後漢の崔瑗の〝座右銘〟を書いたもの。散逸していて今見られるものは元の半分弱とみられる。財団法人大師会蔵、重文。


書道界に〝大師流〟という一門がある。弘法大師の書風を伝えるという一派だが、大師がそれを名乗ったわけではない。一流派として確立したのはおそらく「中世末から近世初頭」と謂われているもので、近世書道界に一大勢力を誇ったこともある。〝大師〟の名が何ほどかは好影響したかもしれない。

一大文章家
空海第一の弟子（真雅が朝廷政府に提出した弟子の名簿の第一に記された。真雅自身は二番目に）真済《しんぜい》（八〇〇〜八六〇）が撰集した『性霊集』は、「詩賦哀讃の作、碑誦表書の制、遇う所にして作す、草案を仮らず」という。師空海和尚は、その場で書いて草案などつくらない、だから弟子の私が傍について集記したのだという。その本文を一見すれば、如何にその文章が凄いかが知られる。何度もいうようだが、その用語・引用句の文典について、仏典は言うに及ばず、中国古典に如何に深く通じていたかが即座に察知できる文章だからである。しかも空海はそれらを必要に合わせて現場で即座に書いていったものというから、そこに使用される用語・引用句などは、すべて空海の脳裏に刻まれていたということになる。弟子たちは師の文章にふれつつ、微に入り細を穿って典故を探ってきたが、これはもはや〝引用〟などというものではなくて、空海の教養そのものとなっていたということである。のちのち偉人とみられるひとのこういった類いの集積本はたくさん成されたが、何かにつけて手本となった集成本である。

空海にはまた『文鏡秘府論』の編纂がある。これは中国古典の名文をあげつつ論説していく文章理論書で、古来文章をものするひとにとって、これは避けて通ることの出来ない必読指南書となったものである。そういう意味と、現今になって古典資料としてもみるに、そこに引用されている中国古典は、既に現存中国文典世界にはなく、またわが国のどこの古書庫にもない貴重な文献であるモノばかりで、古代文系を研究する学者にとっても、人類文化の貴重な遺産をみることが出来る宝庫と言えるもので、これは研究資料としても重要な価値をみとめられている。

この書物の構成が天地東西南北、という風に成っていることから、これは曼荼羅構図だ、という説論があるが、〝むべなるかな〟と思われる。空海のまなざしは、何をみるにつけても目標をみるときに、それをしっかりとみるのは当然としつつ、必ずその識見の及ぶ限りのはるか遠くにまで目配せをしつつ論ず、そういう思考姿勢にいつも貫かれている、そういう風に謂えるであろう。これこそ曼荼羅思考、そんな風に指摘できる。

批判を越えて

江戸時代は天下泰平のお蔭で〝学問〟が発達した。

幕府政府が指導原理としたのは朱子学、これは中国儒教の発展儒学（南宋期）で、これに対して江戸中期以降、日本古典の研究が勃興した。いわゆる「国学」の流れで、『古事記』『万葉集』『日本書紀』『源氏物語』らを日本の古精神から実証的に検討する、日本考証主義による研究であった。国学の四大人（荷田春満—賀茂真淵—本居宣長—平田篤胤）のなか、本居宣長は、儒教・仏教の思想による解釈を排し、わが国古代人の精神は日本古代人のこころで解明する、という姿勢をもって研究すべしと主張、そのときはっきりと仏教などの外来思想が批判された。仏教では空海が矢面に立たされている。仏教をわが国に本格的に輸入した、というのである。

考えてみれば、仏教は空海以前かなり前から移入しているが、空海が批判の代表にされたのは、矢張り〝仏教世界〟を代表する人物、という風に見えていたからであろう。そこに空海という存在の歴史を閲しても消えなかった普遍性が透けて見えてくる。それはまた、空海の〝密教〟がほかの仏教を覆い尽くすほどに大きく見えた、空海に代表される仏教が〝漢唐国から〟というだけでなく〝天竺そのもの〟を含む、そんなふうにみえたのでは、と推量できるのだが、どうだろう。

批判されることは、名誉なことである。批判は怖くない、怖いのは無視、である。なお国学と言われる流れを江戸時代に起こした最初の人物は、皮肉にも契沖（一六四〇～一七〇一）という高野山の僧であった。『万葉集』がいまに読めるのは、このひとの研究のお蔭である。明治復古政府は、その初期の時代、例の国学的思考傾向が続いて神仏分離を断行し、〝廃仏毀釈〟の風が日本全土を蔽うと、明治十七年（一八八四）のお大師さま千五十年御遠忌はまともにそういう社会の制約を受けてしまう。お大師さま御遠忌は五十年毎に執行された。それから五十年、昭和九年（一九三四）の御遠忌は逆に空海色が〝社会現象〟となるほどであった。

さてそれからしばらくのあいだ、日本と世界は狂気の時代を過して、精神世界も荒廃するばかりであった。

平和が戻って昭和五十九年（一九八四）千百五十年御遠忌は真言宗各派あげて諸事業を立ち上げた。一般世間にも空海という人物への急速な関心、空海ブームが起こった。著名な作家が〝空海〟について書くとたちまちベストセラーとなり、ときの有名人気俳優を空海に配して配給された映画「空海」は空前のあたりを示した。現在これはブームを越えて「空海世界」が定着した、といえよう。

3　近代の覚醒

復古を越えて

明治という変革は西洋の近代思考方法の輸入でもあった。その近代方法とは、学問の世界で顕著であったが、〝科学的実証主義〟といわれる思考方法を基本とする、時代の世界観そのものでもあった。しかし明治日本人はその実証主義方法までは学んだが、無自覚的ではあったかもしれないが、世界観にまでは至らぬかたちで近代を経ていくことになって、そのうちに日本文化の古きに振り返る運動が起っていくのにそれほど時間はかからなかった。

岡倉天心（一八六三〜一九一三）が来日米人のフェノロサ（一八五三〜一九〇八）の助手になって（明治十三〜十四年ころ）から日本美術の保護・復興に精を出していったことは有名だが、そのかれが密教と空海について熱烈に言及している（『東洋の理想』一九〇三）。そこでかれは近代学の成果を取り入れた密教のインド以来の実像史（インド大乗仏教の最終的発展形態）に触れ、空海はそれを受法して、その肉体（身）と言葉（口）と心（意）の合一（一如）による至高なる物心一如精神を密教で実現できるとした空海の歴史的意義を、最大限に認めた。もうひとつかれが見落としていないのは、空海の見解がそれ以前のどの宗派とも衝突しない融和性を擁していた、ということ。何か新しいもうひとつのものを入れたにすぎない、というのではなくて、日本文化に総合性という世界観をもたらしたというのである。これぞ曼荼羅精神の昂揚である。

南方熊楠（一八六七〜一九四一）は粘菌研究でほぼ同時代に世界に羽ばたいた巨人といまだに謳われている学者である。かれは高野山の土宜法龍長者との書簡で、弘法大師の密教によって宇宙極限までの大いなるものとおのれと同体になるという想念がいかに偉大かを書きしるしている。因みに熊楠は和歌山県の出身である。

明治・大正・昭和と日本文芸界に巨大な功績を印した菊池寛（一八八八〜一九四八）に『弘法大師』という著作がある。さる雑誌社から空海で何か戯曲を、という依頼があったので、ちょうど自分も書こうと想っていたから引き受けた、という。戦前のはなしである。それで勉強を始めたところ、なんと奥の深い人物かというのに気づきとても戯曲など書けないと断ったけれど、小説でもと言われてあらためてさらに勉強してみたが、何処まで行ってもまだ奥がある、そんな人物であることが分かったというのだ。ちょうどそのころ直木三十五（一八九一〜一九三四）が新聞に弘法大師を書いていたので相談したり、聞いたら山本有三（一八八七〜一九七四）も頼まれていたがかれも書けない、と。結果的には弘法大師本は出版されて、戦後復刻もされた。筆者はこれを校正したおぼえがある。直木のも『小説弘法大師物語』として出版されている。

この空海の文章に脅威のまなざしを向けたのが幸田露伴（一八六七～一九四七）で、「日本文学全体にとって大恩人」と讃ず。

同じ小説家でも、むしろその思想の理解に没入するがごとき論説を残しているのが岡本かの子（一八八九～一九三九）である。彼女がその家族の不幸とか夫一平との確執で宗教に救いを求めるようになり、当初キリスト教に向いたが失望し、仏教に入ったことは有名である。その発言が世間でも期待されることになり、必ずしも真言宗のみではなかったが、講演を頼まれると空海の十住心のひとつひとつを語り、即身成仏に至って「現実生活そのままが覚者の生活であることを教える教門」と締めくくっていた。ちなみに彼女は「芸術は爆発だ！」の岡本太郎（一九一一～一九九六）の母親である。

日本を代表する東洋学の泰斗・内藤湖南（一八六六～一九三四）が空海を語るとき、ことのほか熱心に宣注したのが『文鏡秘府論』であった。その音韻論の問題、そしてそこに残されている古文献の価値を喧伝してやまない勢いである。

日本人としてノーベル賞を最初に受賞した湯川秀樹（一九〇七～一九八一）が強調してやまない論点は、空海の広大無辺な活動思索は言うまでもないとして、さらにそういう理論体系を日本で最初に形成したという点であった。その空海の思索の巨大な点は世界史上でもまれであり、西洋史の偉人を越える、と。しかもそれらがいまのわれわれに確認できるようにのこされているのは稀有、というのである。

梅原猛（一九二五〜二〇一九）は空海の多様性こそ現代文明の救済に必要、と曼荼羅思想の現代に必要なありさまを強調、空海のもたらした密教の歴史的意義を日本仏教の歴史ばかりでなく、日本文化全史に及ぶように位置づけた。

戦後真っ先に仏教、そして空海の密教の意義を宣したのは上山春平（一九二一〜二〇一二）であったかも知れない。筆者がまだ学生であった頃、空海に関する講演を数度聴いた覚えがある。そののち暫くして梅原猛の講演を聞いて、同じような趣旨を聴聞することになった。この二人の哲学者は知友であった。二人とも〝新京都学派〟と言われる、その中心的学者であった。そのころはまだ、そういう日本古代思想について空海が主要な話題になることは珍しかったご時世であった。梅原猛の空海に関する主張が鮮明になっていくのはそれからである。

司馬遼太郎（一九二三〜一九九六）はすでに故人とはなったが、その著書はいまだに文庫本などでは売れている。概して死後まで売れる作家はそれほど多くない。ことに現時、明治からの近代文学史に名の残るような作家でも、現代《いま》にまで売れるだけの小説を有する作家はごく少なくなった。聞くところによると、現在の出版事情（乃至《ないし》書店事情）によって、文学史には価値あれども、直ちに売れ行きに反映しないような作品の保持は、出版社、書店共に難しくなっているのだそうだ。そのなかで司馬遼太郎の本は、文庫本に残されて、いまも店頭にみることが出来る作家のひとりである。

その司馬遼太郎の著作に『空海の風景』というのがある。空海の生涯についてほぼすべてに触れて書かれている。それなりの読書人なら、あるいは興味本位にこの本を手に取った方、せいぜい〝お大師さま〟のよび名くらいしか知らなかった方でも、この本を読めば、空海の結構細かなところまで知るところとなったであろう。その意味でこの本は、空海を専門としない一般世間に空海の名を弘めた意義は言い知れぬものがある。この本の紹介欄によれば「昭和五十年（一九七五）度芸術院恩賜賞」を受賞している。だいたいに氏の受賞作はひとつや二つではない。まぐれではないということである。これいつに氏の筆の冴えによるものではあったろうが、何ほどか空海という歴史人を書いた光栄もあったのではないかと愚考している。なお氏は平成五年（一九九三）文化勲章を受けている。

この本が、昭和五十九年（一九八四）の御遠忌千百五十年忌が盛り上がった由縁の一端を背負ってくれたことを、真言人としては感謝してもしきれないであろう。

そしてこの論で、わたくしが入唐目的は灌頂受法と論じてきたその一点について、氏もほぼ似たような書き様をしているところに、感心したい。しかし、である。氏は「灌頂」のなかみに、忙しい作家にそれを要求すること自体全く無理であることは承知しているが、想いが回らなかった。おそらく氏がこの本をものするときに種本にしたであろうモノは、近代真言宗に書かれた何かの伝本であろうが、それにおかしいところがあるとは基本的には考えなかったのであろう。たとえば長安に入って灌頂を受けるために般若三蔵に梵語を習ったというようなことをそのまま書いている。わたくしの書いておいたように、そんな梵語能力ではうけられない、とは考えられなかった。灌頂の深みに入りこめなかったら、考えが及ばないのはむしろ当然である。あるいはまた西明寺に移って五月に青竜寺、をそのままにして、空いた三カ月の理屈に面白おかしいことを書いてしまう。けれどこれは作家だから許される限度であろう。

だいたいに当本は、細部にわたって結構辛辣な表現が多い。世上の作家の書くことに注文は付けられないが、細部においては、当時真言宗内に若干の波紋をまいた記述があったのも事実であった。しかし真言宗としては何よりも書いてもらったことだけでも僥倖であったといえよう。そのころまでの世間では、何か仏教者についての伝本が出版されると言えば、親鸞とか日蓮、このあたりが通り相場であった。そういう世間の認識の中で、平安時代の僧侶が書かれた、これだけでも読書界に新鮮であったおぼえがある。しかも恐ろしくスケールの大きい人物として、それは近代にも通用しそうな日本人として描かれている。昭和五十年といえば高度経済成長の終焉期、これとともに自信を失いつつあった日本人のこころに火を灯した如き、光明をもたらした本となった。

それを宗派人の書いたのではない、世間に十二分に通用している作家によって、辛辣に描かれた。これがかえって世間には信用となる、ヨイショの本ではない、と。よくぞ辛辣にも書いてくれた。こんな具合であった。この本は今も再版されている。出版されてずいぶん経った近年、英訳も出されている。

いまにして思い出す。わたくしがある中国内陸部への旅行一行の同行講師として随行していく機会があった。その参加者のひとりに、すがたかたちのえらく司馬遼太郎のわれわれがよく視る写真に似ている年配者がいた。司馬氏はすでに亡くなっていたと思うので、ご親戚でもと訊ねたところ、血の繋がりなどまったくない司馬遼太郎の一ファンだと。その小説が好きで文庫本を離さないというのは知っているが、すがたかたちまであれほど似せていた方は、初めてであった。結構な年配者にして、である。司馬遼太郎人気度のバロメーターを示すものであろう。そういえば司馬は熱狂者を生むタイプの作家であった。ただし一部には毛嫌いする方《むき》もあったと聞いたことがある。文学者というのは、一流になればなるほど好き嫌いのはっきりあらわれる世界だそうだ。

陳舜臣（一九二四〜二〇一五）は、神戸出身で戦前日本国籍があったが終戦で国籍喪失、本籍の台湾台北に帰った。そしてまた日本に戻り、中華人民共和国の国籍をとったところ、天安門事件が起こり批判したことから日本国籍を取得、という経過を経た作家である。作家の始まりは神戸を舞台の推理小説を発表、江戸川乱歩賞を受賞して始まった。さらにのちに直木賞を取る。司馬遼太郎も直木賞作家である。陳は大阪外国語学校（印度語科―今の大阪大学外国語学科）に学んだが、そのころ一年下の蒙古語科に司馬遼太郎がいたという。

この作家に『空海求法伝　曼荼羅の人』がある。昭和五十九年（一九八四）のことであった。御遠忌の年だが、真言宗が依頼したわけではない。この本は入唐前夜から始まって大宰府帰国まで、を三巻使って書いているのだから細かいことがたっぷり書かれる。それで〃司馬空海〃とはひとあじ違う印象を与える本となっている。司馬「空海」がいうなれば大上段から書き下ろしたというなら、陳「空海」はその懐に入ってともに歩みながら逐一記録する、という体の印象である。

陳が学生時代に学んだのはヒンディー語であったが、繰り上げ卒業で一九四三年西南亜細亜語研究所に助手で入ったとき、宮崎市定の門弟に習っている。宮崎市定はあの内藤湖南の弟子で、戦後の日本東洋学を背負った学者であった。陳が「空海」を書こうと想った発想の中に東洋学の視野があったか、わたくしは知らないが、なにほどか中国史とのかかわりにヒントを得たであろうことは推定できる。空海はそれに見合うスケールの人物だということである。

この陳が、空海が入唐した以前から恵果の情勢には通じていた、旨を書いている。これはわたくしも既に書いたように、卓見である。作家の直観か、はたまた？

渡唐の目的も「密教研修」という。これも正しい。ただし〃研修〃の意味内容では、少々ニュアンスが異なってしまうが、宗教専門でない作家の選択語としてはしょうがない表現であったろう。恵果の下に入《い》ったことにも「梵文も含めて、密教の予習をしっかりと身につけて」と記す。正しい。

陳「空海」本からは、何か襟を正して丹念に記録する、というような印象をうける。であるから「灌頂という儀式は、密教理解の諸段階を許可する意味をもっている」と記すことを非難は出来ない。灌頂の重みを一般人に理解せよということ自体無理だからである。しかしこれまで気付かなくてきた近代のむきも、いささか迂闊すぎたといえよう。いまに入唐目的発表を聞いて怒り心頭、もないものだと思う。なおこの本は、出版社をかえながらも数度再版されている。

繰り返す。空海は灌頂を受けるために入唐した。

なお、陳舜臣は日本芸術院賞を受け（一九九四）、そののちには勲三等瑞宝章を授けられ（一九九八）、死後従四位が追贈されて、文字通り日本人として生涯を閉じた。

芥川賞作家・三田誠広（一九四八〜）に『謎の空海　誰にもわかる空海入門』（二〇〇七）がある。氏はこれより先に小説『空海』を発表していて、この作家にはほかにも〝誰にもわかる〜〟シリーズともいうべき作品群があって、「仏教入門」とか「福音書入門」とか、「相対性理論」とかの本まである。その著作一覧を通観するに、歴史ものから現代人の悩みに及ぶようなことまで、実に幅広い関心を示している作家である。

小説『空海』は「史実と推理の境目」を書いたが、今度のは「史実と推理を明確に区別して」、空海の「解説書」を書いたつもりだという。氏は影響を受けたひとにパスカルやドストエフスキー、埴谷雄高を挙げるほか、仏陀もいれているような人物である。この本は、空海の巨大性を夢中に書いた体の、一所懸命さが感じられる〝解説書〟である。

さらに空海が、例の西明寺から青竜寺に行く間の数カ月について「瑜伽密教の基礎を学び、梵語を鍛えるため」と記す。これはつまり、恵果に遇うことは長安入城から既に目的になっていた、と認めながら、肝心なところで躓いた、という感じだが、これはもはや作者を責められない。つまりこの半年で密教のすべてがマスターできたら、それこそ奇跡だ。その結果としては空海の超人をいうことになるが、空海の偉大性を喧伝したいわれわれとしてもそう願いたいところ、「灌頂」の凄さを想えば、無理は無理、と言わざるを得ない。如何に偉大でも数カ月で完成は無理であるのが灌頂の灌頂たる由縁、である。これを解れ、とは忙しい小説家に要求出来ない。何しろこれだけの作品をものしてくれたことに、快哉を叫ぶことで良しとすべきであろう。

夢枕獏『沙門空海唐の国にて鬼と宴す』は二〇〇四年（平成十六）刊行で、前出三田本に先立つ。しかしこれは今も文庫版になって売れている模様である。新書版で四冊、原稿二千六百枚、執筆期間書き始めが一九八七年（昭和六十二）、終ったのが二〇〇四年（平成十六）の足かけ十八年だ。みずから「傑作」と豪語する。近年には中国でこの書をもとにした映画も造られている。この作家、当近のテレビで何かとみることも少なくなく、当代売れっ子の小説家、といえよう。作家としてはこの作品のみにかかずりあっていたわけではなかろうが、それならなおさら一層のこと小説を書き続けた凄まじいエネルギーを讃えるべき、といえよう。

著者はいう。空海について「前から書きたかった」と、そして「物語が向こうから迫って」きた、という。こんな話が読みたい、というものを書いたのだそうだ。まさに〝小説〟である、これは。迫ってきたのは「空海」自身にほかならないと存ずる。

想念のおもむくままに、いわば〝のびやかに〟書いている。かくて当代一流の人気作家に、この長きにわたって書かしめた「空海」という人物の、何も知らないひとびとにはその歴史存在を、日本国内における伝説人物くらいの知識を持つ者には、中国であれほど活躍した人物なのか、と、いずれにしても従来の日本歴史に登場した宗教人に無い広範な規模を印象付けることになったのではなかろうか。

おかげでいま、空海は〝ブーム〟ではなく、なんの細工も必要としない〝世間に実在する〟存在となったと言えよう。

髙村薫（一九五三〜）著『空海』（二〇一五　平成二十七）は、自ら足を運んで各処各人に取材し、立体的にまとめあげた鎮魂書といえる。

髙村はデビュー作が日本推理サスペンス大賞を受賞して、というもので、直木賞の『マークスの山』も推理サスペンス物であった。これらは推理といっても社会派推理作家といわれる、ただしあの松本清張時代の社会派とはひと味違うと目されている社会派である。この時代の推理モノはよく警察小説ともよばれるものが目立った。物語の中身の多くが犯罪を追う側、警察組織の影の部分の記述に費やされ、捜査が向かう社会（企業）にも闇があって、その影と闇のぶつかり合い、これが劇的に展開していく、そういう意味の社会派である。松本清張時代には捜査側の問題は薄かった。氏はこういう時代の寵児ともいえるのか（正確なところは評論家に任せます）、同じころ（だったと思う）ある若い女性作家が登場し〝御姫様〟とよばれ、これに対して若干年配（失礼！）の髙村薫は〝女王様〟と評する文をみた覚えがある。

作者自身「いかなる信心にも無縁だった」と告白する。それが「突然、仏を想った」。それは平成七年（一九九五）一月の阪神淡路大地震が機縁であった。それまで「近代理性」のみで生きてきたのに、「人間の意思を超えたもの」に祈ることを知った。その祈りは平成二十二年（二〇一一）三月の東日本大震災によって生々しい日常と化した如くである、と。髙村はその三年後（二〇一四）三月十日東北の現地に立つ。そのときに訪れた最初の寺院が真言宗であった。これは福島被災地をだれよりも真っ先に調査訪問した大正大学の宗教学者星野英紀氏との縁であった。

髙村がそこにみたものは、〝祈り〟であった。それを作家髙村は、言葉をもって理解しようとして、敢えて言えば空海について言葉で理解しようとすることで、その祈りの本質に迫ろうとした、とでも言えようか、空海を調べることになる。したがってこの本は実に「網羅的」（新聞インタビュー談）になった。空海の生涯を全面に辿ることになったのである。

正直言って、それは追っても追っても深みにはまる茫漠たる深い田圃のごとく、思弁の世界に明らかになる「世界的思想」人の空海と、民衆の隅々に止めどなくたちあらわれる「伝説的超人」の空海とのあいだを埋めることは容易ではなかった。「物書き」（特に自分）は観察しそれを言葉に表すのが仕事だが、災害を転機に「言葉で収まりのつかないもの、捉えきれないものに出会った」（新聞談）。また作家というものは「悲観」的な「マイナス」志向をもっているものだが、そんな経緯を経て自分は「肯定的」になったというのである。「命というものが美しいものにみえるようになった」。そして「考えた末に、〜最後は信心」の心境に気付くことになったのだが、まだ自分はそこに丸ごとには入れない、外堀を埋めて、いま内堀に取り掛かっているようなものか、と述懐する。空海の内堀を埋めることが出来るであろうか、身体《しんたい》の勝負か、と。冒頭に「鎮魂」の本といった由縁である。

高村薫は当代人気作家である、忙しい。しかもその作品にはめっぽう大部の長編が多い作家だ。その叙述の細部にわたる描写に定評がある。リアルすぎるほどリアル、ということだ。現時著作幾つかの中国語訳も出されている。氏はどこかで書いていたが、原稿に向かって筆を運び始める（実際は「キーボード操作に習熟」と、さる解説に）と、作中の人物がかってに動きだし止むことがなくなる、と。その髙村がこの「カメラを構えて再現する思索ドキュメント」（帯文言）をよくまとめたものだと、つくづく思う。本にした元の原稿はさまざまな新聞に連載したもので、それをまとめて「加筆修正」した書がこの本であるが、この間の心裡はずうっと続いていたということで、そのエネルギーには目を見張る。これも空海の為せるわざ、であろうか。髙村原稿の上で空海が縦横に飛躍する、髙村はそれを追うのに手いっぱい、でもよくここまで追いついた、と讃ずべきかもしれない。

髙村は国際基督教大学を卒業している。この大学はれっきとした宗教中の宗教大学である。しかし髙村薫というまったく非宗教的な人材を輩出した。それがいま宗教人？　となって、それも仏教、そして空海だ。かくて被災地に立った。氏は弟御の夭折に遭っているそうだ。その作品群を通読すると、結構宗教に触れている。氏の本質は宗教的な人格なのかもしれない。

平成の終期に得がたい「空海」の一書に遇えた、といえよう。

近代の蹉跌

筆者が密教の勉強を始めた若き頃、インド以来の密教に対する仏教学界の評価は極めてマイナスのものであった。インド大乗仏教の、中には〝堕落したもの〟とまで言う〝研究〟があったくらいである。これは西洋宗教学者に密教の真意がみえなかったしまりのない成果であって、これに学んだわが国のインド学者たちも鵜呑みにする傾向にあったのだ。それに並行するように、日本古代史学界の平安期における密教（空海）への判断も散々なものであった。加持・祈禱のみで合理的にはみえない、論ずるにも値しないというようなことで、次の時代に論を進めてしまったのである。

すなわち明治時代の近代学（例の実証学が合理的という）に乗じた学者の価値付けが戦後まで引っ張られてきて、平安密教の加持・祈禱は非合理的な迷信に類する信仰の一端、という評価である。曼荼羅が思索としてみえない、空海の仏教分野を越えている広範な思索は〝世間ずれ〟とまで言う古代研究者もあったくらいである。人間精神の合理性が真実どういうモノかをみない明治期からの単純な実証論では、加持・祈禱の精神性は見えなかったのもむべなるかなである。

戦後、空海が見直される如き思考傾向が澎湃として起こってきたのには、社会の混沌が行き着くところまで行ってしまったからでもあろうか。二十世紀になって人類は破滅的な戦争を二度もやってしまった。世界が戦争をするのは、地球という普遍世界を普遍世界とみることの出来ない偏狭な世界観が邪魔をしていたのではないか、それを突き抜けて新世界観構築をするのに、何か新しい思索情念はないか、そんな祈念の想い、そこに過去を予見なく平明に振り返るひとのあらわれることが期待される、世界にも、日本にも。

ときを待って、西洋の宗教学界にインド大乗仏教―密教の研究に画期的な進展がみえた。経典にみえた字面《じづら》の奥に隠されていた人間心裡の重層性、それは〝絶対唯一〟とみえるモノの複合性に満ち満ちている現実、問題はその複合世界を融和する思想はないか、である。

西洋にとってそれはかれらの地以外にも、この地球上には無数の人類が同時に存在する、共存当たり前の現実が見えてきた、ということではないか。少なくとも現在、西洋宗教学者で密教を堕落したものとみなすものはいないと信じたい。わが国古代史学界でも急速に「平安時代」の見直しが進み、ここでも少なくとも現代学界では、平安時代を語るに、空海を、密教を、避けて通る論調はないと心得る。

曼荼羅へ

筆者は専門ではないが、近年テレビの科学放送番組が、流行《はや》りのようにしばしば〝宇宙地図〟なるものを見せてくれる。その地図画面に接したとき、おびただしい数の尊像の画かれた密教曼荼羅が脳裏に浮かんできた。

これだけの尊像を一枚の画面に画いてみせた古代密教衆徒の心裡はどうであったろうか。曼荼羅にみられるこれらの尊像は決して無秩序に並んであるのではない。少なくとも真言密教の胎蔵曼荼羅・金剛界曼荼羅は、現代のわれわれが見ても整理が出来るように、ある一定の秩序に従って配置されている。これらは密教経典のしるすところに従って図式化されたといえばそれまでだが、しからばその経典に記録した原初の密教徒にその全体的設計図があったのであろうか。あるいは一定の時間をかけながらここまで尊像数が徐々に加上されながら書きたされてきたのか、われらが想いは何処まで行っても留まるところを知らない。

そこで完成した日本密教曼荼羅に対面するとき、これを礼拝した古代密教徒も、このおびただしい尊像の羅列を〝是〟として祈念を凝らしたであろうことは間違いないと想う。われらがその集合図にぬかづいたとき、さきの思い描いた宇宙地図の如き宇宙のはるか彼方、数百億光年にまで思念を凝らすことが出来れば、〝われ〟の存在は極微小から極無限大なものになる。

大日如来とは、この宇宙地図に示された総体を謂うのかもしれないと想念した。空海が常に総体をみながら個々の事実の体に対処するという、極小から広大に直至る変幻無辺な精神、われなりにそんな風に理解したのであるが、あとは読者の卓見判断に期待するばかりである。

曼荼羅は永遠である。

あとがき

ながい旅が終った。

否、終らない！　空海への探究の旅は。

なにか、空海大師のことを書いてきたつもりであるが、何が書けたのか、はなはだ心もとない思いでいっぱいなのが、いまのいつわりのない心境である。空海といい、大師といい、これまで千数百年のあいだどれだけのひとびとを魅了してきたか計り知れない。そういう歴史人を十全に書こうなどとハナから思ってはいなかったが、ほんのわずかの〝今の想い〟くらいには触れられるかな、と始めた。出来具合は如何か、読者諸賢の視るに任せるしかない。

なお若干の議論になる点に触れた。気になる方もあるかもしれないが、小人の為せるわざとご寛恕願いたい。江戸時代の国学はともかく、近代は合理の時代としてそれがむしろ古代人を傷付けること少なからず、「空海」もあらぬ解釈をされて矮小化された人物像がまかり通ったことがあった。現代は何をえがくにも原寸大に、が流行っている。だがその原寸が大きければ、画かれるのも大きくなるはず。なのにそのあたりに素直に許容することが出来ない現代人がいれば、矮小化も仕方なかったと思うが、現在《いま》しあわせにもそのあたりに反省が進みつつあるように思考している。

空海の著作は、多くの先達の努力によって古代人にしては残されてきたものが少なくない。この小著では満足できない方々は、どうぞそれら著作に直に触れてみていただきたい。そしてひとりひとりの空海に理解が進めば、それも空海の〝広がり〟で、それらを総体としてみるなら、より実像に近づけた空海があらわれると思う。

もしそのときもう一度この小著に戻っていただければ、何ほどかこの本が参考になるのではと思う。そのとき再び会えることを願ってとりあえずの筆をおきたい。

最後になったが、個人的に裨益《ひえき》された方も少なくないが、ことに畏友大正大学准教授・堀内規之氏の助言には再三助けられた。記して謝す。編集の黒神直也氏には我儘も言ったのを、よくさばいていただいた。謝す。

令和元年秋

平井宥慶

参考文献

勝又俊教『弘法大師著作全集』全三巻　山喜房佛書林

編輯委員会『弘法大師空海全集』全八巻　筑摩書房

加藤精一『弘法大師空海伝』春秋社

加藤精一『空海入門』角川学芸出版

福田亮成『新・弘法大師の教えと生涯』ノンブル社

高木訷元『空海　生涯とその周辺』吉川弘文館

高木訷元『空海と最澄の手紙』法蔵館

武内孝善『弘法大師空海の研究』吉川弘文館

星野英紀『四国遍路の宗教学的研究』法蔵館

平井宥慶『空海「性霊集」に学ぶ』大法輪閣

上田　雄『渤海国　東アジア古代王国の使者たち』講談社

澁澤龍彦『高丘親王航海記』文藝春秋社

上田　雄『遣唐使全航海』草思社

平井宥慶『シルクロードを仏教が往く』全二巻　大東出版社

広瀬立成『空海とアインシュタイン』ＰＨＰ研究所

星野英紀　監修『弘法大師と四国遍路』青春出版社

五味文彦『日本の文化伝統①　伝統文化』山川出版社

水原堯栄『弘法大師影像図考』丙午出版社

平井宥慶「弘法大師入唐の意図」『密教学研究』23号

平井宥慶「最初に〈選択〉したのは誰か」『豊山教学大会紀要』39号

その他、近代になっても多数の諸先学の著書があって、もはや上げきれない。これも空海という千二百年以上前の歴史人の巨大さを今日《こんにち》にまで示している出版事情であろうが、それでもなおなかなか捉えきれない人物として、現代日本人の前に立ち現われているのが空海、といえよう。あとは読者諸氏の慧眼をもって書物を選ばれよ、と祈るのみである。

『日本書紀』を始めとする六国史などの歴史書類、あるいは『日本霊異記』などの説話集（物語）類、さらに先達の著作（正・続『豊山全書』『智山全書』正・続『真言宗全書』、あるいは『大正新脩大蔵経』『大日本仏教全書』『日本大蔵経』）など、助けられた書は、挙げたらきりがない。そのあたりはどうか探究者諸氏の識見で忖度していただければ幸甚である。

最終章で取り上げた近代書論客氏の著作については、それぞれに多数の著述をものしておられる方々ばかりであるから、もはやここには挙げない。読者君子の知見で見定めていただきたい。

平井宥慶……ひらい・ゆうけい
一九四三年東京生まれ。大正大学大学院文学研究科博士課程満期退学。大正大学名誉教授、真言宗豊山派・常泉院住職。
著書に、『シルクロードを仏教が往く』（大東出版社）、『空海「性霊集」に学ぶ』（大法輪閣）、『知識ゼロからのお参り入門』（共著幻冬舎）など。

構築された仏教思想

空海――即身成仏への道

二〇一九年十二月十五日　初版第一刷発行

著者　平井宥慶

発行者　水野博文

発行所　株式会社佼成出版社
〒一六六―八五三五　東京都杉並区和田二―七―一
電話　〇三―五三八五―二三一七（編集）
〇三―五三八五―二三二三（販売）
URL　https://www.kosei-shuppan.co.jp/

印刷所　大日本印刷株式会社

製本所　大日本印刷株式会社

ISBN978-4-333-02815-3　C0315

Kosei shuppan

構築された仏教思想

信仰から論理へ——。
言語化され有機化された仏教思想。
そのシステムの全貌と本質をラディカルに問い直す。
仏教学の新たな地平を切り拓く刺戟的な試み。

ゴータマ・ブッダ 縁起という「苦の生滅システム」の源泉　並川孝儀

龍樹 あるように見えても「空」という　石飛道子

法蔵 「一即一切」という法界縁起　吉津宜英

空海 即身成仏への道　平井宥慶

親鸞 救済原理としての絶対他力　釈　徹宗

道元 仏であるがゆえに坐す　石井清純

妙好人 日暮しの中にほとばしる真実　直林不退

以下続刊

ツォンカパ　松本峰哲

一遍　長澤昌幸